网络会计信息披露真实度研究

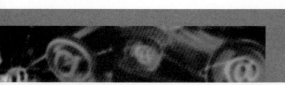

WANGLUO KUAIJI XINXI PILU
ZHENSHIDU YANJIU

邓红平 著

中国社会科学出版社

图书在版编目（CIP）数据

网络会计信息披露真实度研究/邓红平著 . —北京：
中国社会科学出版社，2011.5
ISBN 978 - 7 - 5004 - 9661 - 8

Ⅰ.①网…　Ⅱ.①邓…　Ⅲ.①计算机网络—应用—
会计信息—会计分析—研究　Ⅳ.①F231.2 - 39

中国版本图书馆 CIP 数据核字（2011）第 054518 号

策划编辑　卢小生（E - mail：georgelu@ vip. sina. com）
责任编辑　卢小生
责任校对　王雪梅
封面设计　杨　蕾
技术编辑　李　建

出版发行　中国社会科学出版社
社　　址　北京鼓楼西大街甲 158 号　　　邮　编　100720
电　　话　010 - 84029450（邮购）
网　　址　http：//www. csspw. cn
经　　销　新华书店
印　　刷　北京新魏印刷厂　　　　　　　装　订　广增装订厂
版　　次　2011 年 5 月第 1 版　　　　　　印　次　2011 年 5 月第 1 次印刷
开　　本　710 × 1000　1/16　　　　　　 插　页　2
印　　张　10.5　　　　　　　　　　　　 印　数　1—6000 册
字　　数　170 千字
定　　价　26.00 元

目　录

第一章 绪论

第一节 研究背景

　　和谐是人类的永恒追求和共同理念，会计信息是证券市场和谐有效运行的重要条件[①]。自有效市场理论揭示了金融市场最基本的命题——市场信息与证券的市场价格的关系以来，证券市场信息披露的真实透明对投资者利益的保护和证券市场资源合理配置的重要地位不容置疑。

　　会计是人类社会发展到一定阶段的产物，是人类社会文明的伴生现象，其处理与披露技术的演进呈现出明显的技术驱动路径依赖特征[②]，互联网技术特别是可扩展商业报告语言（eXtensible Business Reporting Language，XBRL）的开发与运用，从根本上改变了信息披露的对象、内容和方式；笔者的调查[③]也表明，在中国网络会计信息披露的地位已然超越传统媒体。但是，关于网络会计信息披露的概念并无定论，其原因在于当前证券市场供求双方尚未能充分利用互联网披露和获取相关会计信息，故而网络会计信息披露概念的界定，与传统会计信息披露从技术到模式到理论的比较都是值得深入研究的课题。

　　然而，现实中不管是成熟的英美资本市场，还是包括中国在内的新兴

[①] 邓红平：《和谐证券市场：基于多学科视角的分析》，《华中师范大学学报》2008 年第 3 期。

[②] 张天西等：《网络财务报告——论 XBRL 的理论框架及技术》，复旦大学出版社 2006 年版，第 36—39 页。

[③] 详情见本书第三章第一节。

资本市场，上市公司信息披露不实的现象都普遍存在。从 1997 年爆发的东南亚金融危机，到 21 世纪初美国安然、世通等系列财务舞弊案，再到中国银广夏和 2009 年的五粮液事件，信息披露问题一次次被推到风口浪尖，加之网络传播的快捷和广泛性，网络会计信息虚假披露导致投资者利益严重受损情况更为严峻。

中国资本市场具有"新兴加转轨"的特征，各项市场制度和规则有待完善，在这一背景下，中国上市公司遭到信息披露透明度不高的批评。我国上市公司违法违规事件年年发生，笔者的调查表明，尽管投资者最为关注网络披露的信息是否真实的质量特征，但是只有 4.11% 的投资者对于中国目前的上市公司网络信息披露真实性的总体评价为很好①，可见网络披露信息的真实可靠在我国证券市场的无可比拟的重要地位及不能令人满意的尴尬现状。

国内外研究证明真实透明的会计信息具有降低资本成本②③、减少预测风险④、提高股票流动性⑤、提升信息的价值相关性等经济后果。按有效市场理论的原理，提高股价信息含量⑥无疑是最值得关注的问题，虚假会计信息披露妨碍了证券市场的有效运行。国外对虚假信息披露的研究多集中在行为的动机与治理对策方面，国内学者将西方经济学理论运用到虚假信息披露的研究领域，取得了一些有意义的研究成果。国内外盈余管理的实证研究得出的结论虽然比规范研究更具说服力，但也只局限于有限的数据对某个具体问题进行局部的研究。此外，在网络会计信息虚假披露方面的研究，其总体特点表现为对网络媒体的特殊性及网络会计信息披露真

---

① 透明度指数、证监会的处罚统计及投资者对上市公司网络披露信息使用情况调查均见第三章第一节。

② Leuz C., and Robert E. Verrecchia, The Economic Consequences of Increased Disclosure. *Journal of Accounting Research*, 2000, 38 (Supplement): 91 – 124.

③ 汪炜、蒋高峰：《信息披露、透明度与资本成本》，《经济研究》2004 年第 7 期。

④ Hope, Ole – Kristian, Accounting Policy Disclosure and Analysis' Forecasts. *Contemporary Accounting Research*, 2003a, 20: 295 – 321.

⑤ Healy P., A. Hutton, and K. Palepu, Stock Performance and Intermediation Changes Surrounding Increases in Disclosure. *Contemporary Accounting Research*, 1999 (16): 435 – 520.

⑥ Lundholm, R., and L. A. Myers, Bringing the Future Forward: The Effect of Disclosure on the Returns – Earnings Relation [J]. *Journal of Accounting Research*, 2002, 40: 809 – 839.

实度关注不够，运用经济学方法尤其是运用新制度经济学等新兴主流经济学理论对虚假信息披露的成因与过程的研究也不多见。

一个有效信息披露评价指数应该包括上市公司（自愿和强制）报告的数量和质量两个方面。目前对信息披露评价多从质量或数量的某一方面进行评价，对网络会计信息披露真实度进行综合评价则较为少见，且指标选取较为单一，缺乏系统和全面评价是这类研究易于受到诟病的原因。

现有研究从不同方面对上市公司信息披露透明度的影响因素进行了探讨。资本市场在其长期发展和制度演变过程中产生了一系列旨在提高上市公司信息披露透明度的内部和外部治理机制，对其的实证研究主要集中在英、美等发达国家，对网络会计信息披露透明度特别是单独针对网络会计信息披露真实度的研究不多见。中国的制度背景具有特殊性，外部监督与内部治理均有待完善，网络应用的迅速蔓延导致中国上市公司网络会计信息披露真实度的影响因素更为复杂，对此，国内仍然缺乏系统的理论研究和实证检验成果。

基于此，本书首先试图界定网络会计信息披露的概念并分析网络会计信息虚假披露动因；其次在前人研究的基础之上综合评价网络会计信息披露的真实度并着重分析网络会计信息披露真实度的内外影响因素。

第二节　研究的目的和意义

会计信息作为一种专业化的信息资源，它的真实有效对经济的微观运行和宏观调控均有重要意义。它既是企业经营管理和科学决策的重要依据，又是国家经济宏观调控和微观管理的重要信息来源，还是个人理财的重要决策信息。

网络是信息披露的新途径，大多投资者选择在网上浏览下载所需的相关信息，网络会计信息披露的真实度是投资者最为关注的问题。提高网络会计信息披露的真实度有利于保护投资者、债权人的利益，促进建立完善的资本市场，优化社会资源配置和维护正常的市场经济秩序。

网络会计信息披露真实度与证券市场的有效性息息相关，当前对于网络会计信息披露的定义及其与传统披露的差异却众说纷纭，莫衷一是。有学者认定网络仅仅是一种会计信息披露的新渠道；而另有学者则认为网络可以改变上市公司会计信息披露的模式，最终影响到会计理论。上市公司网络会计信息披露的真实度又受到经营状况路径依赖、技术路径依赖及需求路径依赖的制约。中国资本市场的制度背景具有特殊性，如股权结构独特、公司治理机制不完善、审计市场不发达、投资者保护法律不健全等，网络会计信息传播渠道的快捷与广泛性使得中国上市公司网络会计信息披露真实度与价值相关性问题变得更加扑朔迷离。界定网络会计信息披露真实度的概念和价值，比较网络与传统会计信息披露的异同，解析网络虚假信息披露的成因是本书的研究目的之一。

　　国内外政府管理部门对于会计信息是否有用非常重视，为此制定了一系列会计信息质量标准，综合来看，最重要的标准为可靠性与相关性。事实上，会计信息的真实性是可靠性的核心，也是相关性有意义的一个重要前提。因此会计信息的真实性问题也得到各国会计学界的普遍重视①②③。各国政府部门制定信息质量的定性标准较多，具体量化的指标却较为少见。上市公司会计信息中的会计盈余与其价值相关性最为密切，如果会计盈余在某年度大幅的变动必会引起利益相关者的关注，但是披露的会计盈余信息是否偏离真实盈余，却较少被关注。分析会计信息真实性的意义，量化网络会计信息披露真实性评价指标，综合考评上市公司网络会计信息披露真实度是本书的研究目的之二。

　　证券市场信息不对称问题的现实，导致世界各国在证券市场的发展和制度演变过程中产生一系列旨在提高上市公司网络会计信息披露质量的内部和外部治理机制。究竟哪些因素影响上市公司网络会计信息披露真实度？公司各种内、外部治理机制对于提高网络会计信息披露真实度是否起到了相应作用？其中的哪些因素起到了主导作用？各种因素之间是否存在交互作用从而影响其对网络会计信息披露真实度的约束效果？对于这一系列问题，目前国内仍然缺乏系统的理论研究和实证检验成果。分析外部规

---

① FASB, Concepts Statement, Qualitative Characteristics of Accounting Information, 1980.
② IASC, Framework for Preparation and Presentation of Financial Statements, 1989.
③ 葛家澍：《关于高质量会计和企业业绩报告改进的新动向》，《会计研究》2001 年第 12 期。

制与内部治理对上市公司网络会计信息披露真实度的影响，为提高我国上
市公司网络会计信息披露真实度、优化上市公司内部治理结构、健全上市
公司外部治理机制贡献绵薄之力是本书的研究目的之三。

第三节　国内外相关研究综述

一　网络会计信息披露发展现状

现有的网络财务报告格式一般为 HTML 或 PDF，是纸质版的翻版。上
市公司通过网络披露它们的途径有二：监管部门指定网站或自建网站；披
露方式也有二：被强制披露监管部门要求的信息或自愿披露要求以外的其
他信息。

国内外上市公司自建网站的很多，在自建网站上披露财务信息的数量
也不少①②③④⑤，但是不同公司间网络财务报告程度差异较大⑥⑦⑧，不过
大多数通过网络渠道披露信息的上市公司其信息披露的及时性、有用性得

---

① FASB, Business Reporting Research Project - electronic Distribution of Business Reporting Information, New York (USA), FASB Press, 2000: 1 - 75.

② Petravick, S., Gillett, J., Financial Reporting on the World Wide Web. *Management Accounting*, 1996, 78 (July): 26 - 9.

③ Lymer, A., Tallberg, A., Corporate Reporting and the Internet - A Survey and Commentary on the Use of the WWW in Corporate Reporting in the UK and Finland. Paper presented at the 20th Annual Congress of the European Accounting Association, Graz (Austria), 1997, April: 32 - 37.

④ 潘琰：《互联网上的公司财务报告——中国上市公司财务信息网上披露情况调查》，《会计研究》2000 年第 9 期。

⑤ 何玉、张天西：《自愿实施网络财务报告公司的特征研究》，《会计研究》2005 年第 12 期。

⑥ Flynn, G., Gowthorpe, C., Volunteering Financial Data on the World Wide Web A Study of Financial Reporting from a Stakeholder Perspective. Paper Presented at the 1st Financial Reporting and Business Communication Conference, Cardiff (UK), 1997, July: 67 - 78.

⑦ Lymer, A., The Use of the Internet for Corporate Reporting - A Discussion of the Issues and Survey of Current Usage in the UK. *Journal of Finance Information System*, 1997: 43 - 60.

⑧ Ettredge, M., Richardson, V. J., Scholz, S., The Presentation of Financial Information at Corporate Web Sites. *International Journal of Accounting Information Systems*, 2001, 2, 149 - 168.

到改善①②③。

与 PDF 等格式不同的 XBRL 试图提高网络会计信息披露的效率和透明度，引来了诸多学者的分析与研究。

（一）XBRL 产生的理论基础研究

德布雷西尼（Debreceny）等分析了现有的 HTML、PDF 等技术披露信息的缺陷，从技术方面详细分析了 XBRL 产生的必然性④。平斯克（Pinsker）则从企业能力、对网络会计信息的理解力、技术模型和邻里效应四个理论模型方面分析了企业应用 XBRL 技术的前提和基础⑤，但他也指出技术本身并不必然推动会计信息的供求变化，XBRL 的出现不过是证券市场信息供求双方节约成本和信息标准化需求的体现⑥。张天西则以财务会计理论为主，结合数据库和信息经济学的相关理论，尝试性地建立了以会计信息元素为核心的 XBRL 理论框架⑦。

（二）XBRL 价值优势研究

XBRL 所具有的价值优势是其应用和发展的前提。CICA 全面的总结分析了 XBRL 对各利益相关者的价值优势⑧。

对比传统的分期报告模式，亨顿（Hunton）从成本—收益的角度分析了实时报告系统的优势。网络技术特别是 XBRL 技术的应用可以降低会计信息生成和报告的成本，实时报告允许决策者即时获取信息，以调整预期，减少由信息不对称导致的信息风险，此外实时披露决策相关信息将会

---

① Petravick S., Gillet J., Distributing earnings reports on the Internet. *Management Accounting* (USA). 1998, 80: 54 – 56.

② Ashbaugh H., Johnstone, K. M., Warfield, T. D., Corporate Reporting on the Internet. *Accounting Horizons*, 1999, 13 (3): 241 –258.

③ 潘琰:《因特网财务报告若干问题研究》，博士学位论文，厦门大学，2002 年。

④ Debreceny, R., Gray, L., The Production and Use of Semantically Rich Accounting Reports on the Internet: XML and XBRL. *International Journal of Accounting Information Systems*, 2001 (2): 47 –74.

⑤ Pinsker, A Theoretical Paper Work for Studying Corporate Adoption of XBRL – Enable Software. Working Paper, 2004.

⑥ Wagenhofer, A., Economic Consequences of Internet Financial Reporting. *Schmalenbach Business Review*, 2003, (55) 10: 262 –279.

⑦ 张天西:《网络财务报告：XBRL 标准的理论基础研究》，《会计研究》2006 年第 9 期。

⑧ CICA Information Technology Advisory Committee, The Use of XBRL in Electronic Filing and Disclosure of Information. White Paper: www. cica. ca/itac. 2003.

降低股价大起大落、交易大幅溢价、资本成本以及内部信息供给压力①。

沈颖玲认为，XBRL 财务报告在一定程度上提高了信息披露的真实透明度②。

张天西等分析了 XBRL 对上市公司财务会计信息监管的优势，认为 XBRL 可以加强公司内部控制、提高会计信息真实透明度③。

霍奇（Hodge）等则采用实验方法考察了 XBRL 格式信息披露对非专业使用者决策的影响。研究发现那些利用 XBRL 技术的人获取信息与整合信息的能力明显高于其他人。也就是说，通过提高企业财务报告信息透明度，XBRL 技术有助于人们决策④。

琼斯和威利斯（Jones and Willis）则针对摩根士丹利财团的 XBRL 项目进行了案例研究，研究表明 XBRL 在数据获取和运用方面确实存在巨大的优势⑤。

但是，研究结果并非完全是正面的，平斯克的问卷调查表明，并不能确定 XBRL 的使用一定能提高财务报告信息的准确度和效率，且被调查者认为 XBRL 的使用并不能提高财务信息的有效性⑥。

（三）分类标准评价研究

博维（Bovee）等认为，尽管制定评价和改进现有 XBRL 分类的方法是很重要，但是分类标准的制定是一困难的、费力的过程，因为某一特定的分类必须定义几百个概念，而且必须遵循一般公认会计准则和实务⑦。

---

① Hunton, J., The Supply and Demand for Continuous Reporting, In Trust and Data Assurances in Capital Markets: The Role of Technology Solutions. Research Monograph Sponsored by Pricewaterhouse Coopers, 2003: 7 – 16.

② 沈颖玲:《会计全球化的技术视角——利用 XBRL 构建国际财务报告准则分类体系》,《会计研究》2004 年第 4 期。

③ 张天西等:《网络财务报告——论 XBRL 的理论框架及技术》,复旦大学出版社 2006 年版, 第 69—222 页。

④ Hodge, F. D., Kennedy, J. J., Maines, L. A., Does Search – Facilitating Technology Improve the Transparency of Financial Reporting. *The Accounting Review*, 2004, 79 (3): 687 – 703.

⑤ Jones and Willis, The Challenge of XBRL, 2003, Vol. 11, No. 3: 29 – 37.

⑥ Pinsker, XBRL Awareness in Auditing: A Sleeping Giant? *Managerial Auditing Journal*, 2003, 18/9: 732 – 736.

⑦ Bovee et al., Fiancial Reporting and Auditing Agent with Net Knowledge (FRAANK) and eXtensible Business Reporting Language (XBRL). *Journal of information systems*, 2005, Spring, pp. 19 – 41.

卡茨（Katz）认为，应该从技术规范、内容的完整与准确几个方面来评价分类的合理性①；德布雷西尼等则指出应该从充分满足需求、经济后果，特别是与股价的影响程度来考察 XBRL 分类标准②。

相关学者还就分类标准质量评价进行了实证研究。博维、高锦萍与张天西分别以财务报告项目和财务报告附注项目为对象考察了 XBRL 财务报告分类标准的质量③④。

（四）相关研究评述

目前探讨 XBRL 的价值大多围绕 XBRL 的特点展开，缺乏相应的理论基础和有力的论证过程。实证研究既有正面支持 XBRL 提高网络会计信息披露的真实透明度，也有持反对意见的。

XBRL 分类标准及分类标准制定理论的研究较少。在分类标准的评价方面，博维及高锦萍等的评价研究主要是从信息的充分完整性方面来进行的，但对 2006 年新的会计准则和披露规范的追踪力度不足，分类标准对网络会计信息披露真实度影响的研究极少有文献涉及。这与 XBRL 的应用尚未全面推广也有关联。

二　网络会计信息虚假披露动因

（一）规范研究综述

阐述证券市场信息与价值的关系的有效市场理论是现代经典金融学的范式。对于有效的资本市场而言，股票价格能够成为反映所有的人所观察得到的一整套信息的信号⑤。一个有效的资本市场是一个完全竞争的市

---

① Jonathan G. Katz, File No. S7 - 35 - 04, Proposed Rule: XBRL Voluntary Financial Reporting Program on the EDGAR System, 2004.

② Debreceny, R., Gray, L., The Production and Use of Semantically Rich Accounting Reports on the Internet: XML and XBRL. *International Journal of Accounting Information Systems*, 2001 (2): 47 - 74.

③ 高锦萍、张天西：《XBRL 财务报告分类标准评价——基于 XBRL 报告分类与公司偏好的报告实务间匹配性研究》，《会计研究》2006 年第 11 期。

④ Bovee, Ettredge and Srivastava. Does the Year 2000 XBRL Taxonomy Accommodate Current Business Financial Reporting Practice? *Journal of Information Systems*, 2002, 16 (2): 165 - 182.

⑤ Fama, E., Efficient Capital Markets: A Review of Theory and Empirical Work [J]. *Journal of Finance*, 1970 (25): 383 - 417.

场，它具有强大的动能刺激理性假设下的上市公司和投资者尽力搜集信息和报告信息。因此，仅市场过程就足以调节会计信息的供求，公共干预的过程毫无必要。

人们对于有效市场假设条件的质疑使学者们试图寻求问题的其他解释途径。规范理论研究的学者把上市公司的会计信息看成是公共产品，而不是私人产品。上市公司会计信息的公共产品性质使它具有外部性，信息供给者不能让所有的信息使用者付费，即会计信息不但被付费的人消费，同时也被不付费的人消费[1]。这样，企业的趋向将是减少信息生产，因为其生产成本不能全部得到补偿[2]。但是信息与价值的密切相关性使得会计信息对于不同的利益相关者而言意味着"权利"，为了降低利益相关者之间因会计信息而产生的矛盾，应进行会计信息产权的界定[3][4]。此外，由不完全理性的投资者一味追求信息数量可能造成供求双方信息成本的增加[5]；会计信息不对称则可能导致拥有更多内幕信息的上市公司管理者操纵市场。所以规范会计理论研究认定市场并不能最有效地调节会计信息的供求，必须通过公共力量加以干预[6][7]，以限制资本市场上的垄断和投机行为。

我国部分学者认为，我国现有的制度安排本身排斥高质量的会计信息，并诱发虚假信息披露。所以转轨经济时期的制度结构以及相关的法律制度合理安排是解决虚假信息披露的治本之举[8][9]，当然全方位的诚信教

---

① Arrow, Kenneth J. , *Social Choice and Individual Values*. New York：Wiley, 1962：2nd edition.

② Ball, R. , Brown, P. , An Empirical Evaluation of Accounting Income Numbers. *Journal of Accounting Research*, 1968（6）：416 –432.

③ 林钟高等：《关于会计信息质量问题的调查研究——从会计学和产权角度分析》，《会计研究》1999 年第 4 期。

④ 杜兴强：《会计信息的产权问题研究》，东北财经大学出版社 2002 年版，第 41—43 页。

⑤ Beaver, Wooa H. and Demski, Joel, S. , The Nature of Financial Accounting Objectives：A Summary and Synthesis. *Supplement to Journal of Accounting Research*, 1974：70 –187.

⑥ Demskijoel, S. , The General Impossibility of Normative Accounting Standards. *Aceounting Review*, 1973, October, 48（4）：718 –723.

⑦ 王咏梅：《会计信息披露的规范问题研究》，《会计研究》2001 年第 4 期。

⑧ 刘峰：《制度安排与会计信息质量》，《会计研究》2001 年第 7 期。

⑨ 谢德仁：《企业剩余所有权：分享安排与剩余计量》，上海三联书店、上海人民出版社 2001 年版，第 194—195 页。

育也是必不可少的①。

　　（二）实证研究综述

　　虚假信息披露具体动因实证研究较多，归纳起来主要观点有：大股东掏空上市公司是上市公司虚假信息披露的根本原因②③④⑤⑥⑦⑧⑨；高昂的利润驱使下的内幕交易是上市公司信息披露违规的直接动因⑩⑪⑫⑬⑭⑮；部分上市公司因为匹配新股政策、配股政策、ST/﹡ST 政策进行盈余管理，

---

　　①　葛家澍、黄世忠：《安然事件的反思——对安然公司会计审计问题的剖析》，《会计研究》2002 年第 2 期。

　　②　La Porta, R., Lopez – de – Silanes, F., Shleifer, A., Corporate Ownership Around the World [J]. *Journal of Finance*, 1999, 54 (2)：471 – 517.

　　③　Holderness, C., A Survey of Blockholders and Corporate Control [J]. *Economic Policy Review*, 2003, 9 (1)：51 – 63.

　　④　Shleifer, A., Vishny, R. W., A Survey of Corporate Governance [J]. *Journal of Finance*, 1997, 52 (2)：737 – 783.

　　⑤　Johnson, S., la Porta, R., Lopez – de – Silanes, F., Shleifer, A. Tunneling [J]. *American Economic Review*, 2000, 90 (2)：22 – 27.

　　⑥　Bae, K., Kung, J., Kim, J., Unneling or Value Added? Evidence from Mergers by Korean Business Groups [J]. *Journal of Finance*, 2002, 57 (6)：2695 – 2740.

　　⑦　刘峰、贺建刚、魏明海：《控制权、业绩与利益输送——基于五粮液的案例研究》，《管理世界》2004 年第 8 期。

　　⑧　张光荣、曾勇：《大股东的支撑行为与隧道行为——基于托普软件的案例研究》，《管理世界》2006 年第 8 期。

　　⑨　唐跃军、李维安、谢仍明：《大股东制衡机制对审计约束有效性的影响》，《会计研究》2006 年第 7 期。

　　⑩　Dechow, P. M., Sloan, R. G., Sweeney, A. P., Causes and Consequence of Earnings Manipulation：An Analysis of Firms Subject to Enforcement Actions by the SEC [J]. *Contemporary Accounting Research*, 1996, 13 (1)：1 – 36.

　　⑪　Beneish, M. D. , Incentives and Penalties Related to Earnings Overstatements That Violate GAAP. *The Accounting Review*, 1999, 74 (4)：425 – 457.

　　⑫　Beneish, M. D., Vatgus, M. E. , Insider Trading, Earnings Quality and Accnual Mispricing. *The Accounting Review*, 2002, 77 (4)：755 – 791.

　　⑬　Betgstresser, D. B., Philippon, T., CEO Incentives and Earnings Management. *Journal of Financial Economics*, 2006, 80 (3)：511 – 529.

　　⑭　Cheng, Qiang, Weld, T. D., Equity Incentives and Earnings Management. *The Accounting Review*, 2005, 80 (2)：441 – 476.

　　⑮　张宗新、潘志坚、季雷：《内幕信息操纵的股价冲击效应：理论与中国股市证据》，《金融研究》2005 年第 4 期。

从而陷入虚假信息披露的境地①②③④。

（三）相关研究评述

国外对虚假信息披露的研究多集中在行为的动机与治理对策方面，国内学者将西方经济学理论运用到虚假信息披露的研究领域，取得了一些有意义的研究成果；国内外盈余管理的实证研究得出的结论虽然比规范研究更具说服力，但也只局限于有限的数据对某个具体问题进行专门而非全面的研究。

总的来看，网络会计信息虚假披露成因的研究对网络渠道的上市公司信息披露真实度关注不够；运用经济学方法尤其是运用新制度经济学等新兴主流经济学理论对网络虚假信息披露的成因与过程的研究有待加强。

三　网络会计信息披露真实性效用与评价

（一）网络会计信息披露真实度与市场有效性

有效市场理论从 20 世纪 50 年代初不可思议的异象演变为现代经典金融学的范式，其中信息披露真实性的假设功不可没。尽管行为金融学的出现对有效市场理论带来冲击，但当今有效市场理论的主流地位仍然是不可动摇的。

基于法玛（Fama）的有效市场理论，中外学者从诸多方面对其进行检验。由于上市公司披露的信息数量繁多，现有研究多选择其中的一个或几个指标考察其价值相关性。

巴尔和布朗（Ball and Brown）通过对纽约证券交易所（NYSE）上市的 261 家公司从 1946—1965 年间盈余信息披露前 12—6 个月的有关资料进行经验研究，他们发现盈余变动的符号与股价变动的符号之间存在显著的相关性⑤，他们的论文被公认为实证会计研究历史上具有启发性意义的

① 林舒、魏明海：《中国 A 股发行公司首次公开募股过程中的盈利管理》，《中国会计与财务研究》2000 年第 2 期。

② 陈小悦、肖星、过晓艳：《配股权与上市公司利润操纵》，《经济研究》2000 年第 1 期。

③ 陆建桥：《中国亏损上市公司盈余管理研究》，《会计研究》1999 年第 9 期。

④ 李远鹏、李若山：《是会计盈余稳健性，还是利润操纵？——来自中国上市公司的经验证据》，《中国会计与财务研究》2005 年第 3 期。

⑤ Ball, R. J. and P. Brown, An Empirical Evaluation of Accounting Income Numbers. *Journal of Accounting Research*, 1968（VI）：159 – 178.

经典之作。在中国赵宇龙（1998）首先运用严谨的科学方法对会计盈余价值相关性进行实证研究。他通过对上海股市 123 家样本公司从 1994—1996 年共 369 个盈余披露日前后各 8 周的股票非正常报酬率的符号与当年未预期会计盈余的符号之间的相关性进行了实证检验[①]。此后，孙爱军和陈小悦利用中国股市的数据样本进行模型检验证实会计盈余信息对 A 股股价影响显著[②]，而程书强则发现盈余信息及时性与机构持股比例正相关，机构持股比例与盈余管理负相关[③]。

巴尔和布朗用经营活动现金流量取代了会计盈余之后重复了他们的研究，发现经营活动现金流量也能向投资者传递决策信息，但与会计盈余对投资者决策行为解释力相比相关性要低一些[④]；贝弗、格里劳和兰兹曼（Beaver, Griffin and Landsman）采用横截面数据和时间序列结合的综合回归分析方法，发现现金流量可以在会计盈余的基础上提高对股价的解释力[⑤][⑥]；威尔逊（Wilson）等的研究表明在会计盈余基础上，经营活动现金流量能向投资者传递增量信息[⑦]。刘旻对我国沪市公司公布的会计盈余和经营活动现金流量的信息含量进行了实证研究，印证了上述的结论[⑧]。

伯利和米恩斯（Berle and Means）、詹森和梅克林（Jensen and Meck-

---

① 赵宇龙：《会计盈余披露的信息含量——来自上海股市的经验证据》，《经济研究》1998年第 7 期。

② 孙爱军、陈小悦：《关于会计盈余的信息含量的研究——兼论中国股市的利润驱动特性》，《北京大学学报》（哲学社会科学版）2002 年第 1 期。

③ 程书强：《机构投资者持股与上市公司会计盈余信息关系实证研究》，《管理世界》2006年第 9 期。

④ Ball, R. J. and P. Brown, An Empirical Evaluation of Accounting Income Numbers. *Journal of Accounting Research*, 1968（VI）: 159 – 178.

⑤ Beaver W., Griffin P., Landsman W., The Incremental Information Content of Replacement Cost Earnings [J]. *Journal of Accounting and Economics*, 1982（7）: 15 – 39.

⑥ Hoskin, R. E., J. S. Hughes, and W. E. Ricks, Evidence on the Incremental Information Content of Additional Firm Disclosures Made Concurrently with Earnings. *Journal of Accounting Research*, 1986（24）: 1 – 32.

⑦ Wilson G P., The Relative Information Content of Accruals and Cash Flow: Combined Evidence at the Earning Announcement and Annual and Report Release Date [J]. *Journal of Accounting Research*, 1986（9）: 165 – 200.

⑧ 刘旻：《会计盈余和经营活动现金流量的信息含量的实证研究》，《预测》2001 年第 6 期。

ling）以及莱兰和派尔（Leland and Pyle）等依据代理理论，从理论上分
析了管理者持有公司股份传递的公司价值正面的、间接的信号[①②③]。尼豪
斯、哈德森（Niehaus，Hudson）等对该结论进行实证分析，证实了内部
股权比率与经营绩效成正相关[④⑤]。管理层持股与公司价值为线性关系的
论点在近十年来发生了突破性的转变。斯图尔兹（Stulz）首次以理论模
型证明管理层持股与公司价值并非总呈线性关系[⑥]，而是存在某一临界值
（Morck、Shleifer 与 Vishny 的研究结论是 5%—25% 之间，徐大伟等的研
究结论是 0%—7.5% 之间）[⑦⑧]，超过该临界值后，反而会随着持股比率
的增加而递减[⑨]。

市场经济发达国家的信号传递均衡理论认为，低质量的企业不能发行
更多债券来模仿高负债信号，对任何给定的负债，低质量的企业破产的机
会大，因此，外部投资者将较高负债视为企业高质量的标志。所以企业融
资优先顺序是：公司内部融资优先于债务融资，而债务融资又优先于股权
融资[⑩]，因为股权融资是坏消息[⑪]。而现阶段中国 A 股市场的融资行为表

① Berle A.，C. G. Means，*The Modern Corporation and Private Property* [M]. New York：
Macmillan，1932：183－186.

② M. C. Jensen，W. H. Meckling，Theory of the Firm：Managerial Behavior，Agency Costs and
Ownership Structure [J]. *Journal of Financial Economics*，1976（3）：305－360.

③ Leland H. E.，D. H. Pyle，Information Asymmetries，Financial Structure and Financial Inter-
mediator [J]. *Journal of Finance*，1977（32）：371－387.

④ Niehaus，G. R.，Ownership Structure and Inventory Method Choice [J]. *Accounting Review*，
1989（64）：269－286.

⑤ Hudson，C. D.，J. S. Jr. Jahera，W. P. Lloyd，Further Evidence on the Relationship between
Ownership and Performance [J]. *Financial Review*，1992（27）：227－239.

⑥ Stulz，R. M.，Managerial Control of Voting Rights：Financing Policies and Marker for Corporate
Control [J]. *Journal of Financial Economics*，1988（20）：25－54.

⑦ Morck，R.，A. Shleifer，Vishny，Management Ownership and Market Valuation：An Empiri-
cal Analysis [J]. *Journal of Financial Economics*，1988（20）：293－315.

⑧ 徐大伟、蔡锐、徐鸣雷：《管理层持股比例与公司绩效关系的实证研究——基于中国上
市公司的 MBO》，《管理科学》2005 年第 8 期.

⑨ McConnell J. J.，Henn Servaes，Additional Evidenceon Equity Ownership & Corporate Value
[J]. *Journal of Financial Economics*，1990（27）：595－612.

⑩ Myers，S. C.，The Capital Structure Puzzle. *Journal of Finance*，1984（39）：575－592.

⑪ Myers，S. C.，and N. Majluf.，Corporate Financing and Investment Decisions When Finns
Heve Information That Investors Do Not Have. *Journal of Financial Economics*，1984（13）：187－221.

明，上市公司普遍偏好股权融资，即首先选择权益融资，其次是债务融资，最后才是内部融资①②。国内外理论和实践产生差别的原因在于国内上市公司可以利用政府为国有企业改革所做的制度性安排，在给定不损失控制权的条件下，使得融资收益最大化，以此剥夺外部股东的权益③，所以在中国股权融资与高负债对投资者来说也未必是好消息④。

米勒和罗克⑤（Miller and Rock）、约翰和兰格⑥（John and Lang）等的研究提供了进行股利分配研究的理论模型。一般而言，支付较高股利的企业对未来的预期较为乐观。Dyl 和 Weigand⑦、Wayne 和 Jarrad⑧ 的实证研究也支持这一理论。何涛和陈晓、俞乔和程滢对中国资本市场的股利分配进行了实证研究，结果也证实了市场存在股利的信号传递效应，即不同股利政策会引起不同的市场反应，分配股利的上市公司的未来盈利情况好于不分配股利的上市公司⑨⑩。但由于我国上市公司在股利政策选择上存在随意性，使得不同的股利政策传递的信号对未来盈利预期差别不大⑪。

---

① 陆正飞、叶康涛：《中国上市公司股权融资偏好解析——偏好股权融资就是缘于融资成本低吗?》，《经济研究》2004 年第 4 期。

② 黄少安、张岗：《中国上市公司股权融资偏好分析》，《经济研究》2001 年第 11 期。

③ 刘林：《股权融资偏好模型分析与治理改进设计》，《金融研究》2006 年第 10 期。

④ 阎达五、耿建新、刘文鹏：《我国上市公司配股融资行为的实证研究》，《会计研究》2001 年第 9 期。

⑤ Miller, Merton H. and Kevin Rock, Dividend Policy under Asymmetric Information. *Journal of Finance*, 1985 (7).

⑥ John, K. and Larry H. P. Lang, Insider Trading around Dividend Announcements: Theory and Evidence. *Journal of Finance*, 1991 (8).

⑦ Dyl, E. and Weigand, R., The Information Content of Dividend Initiations: Additional Evidence. *Financial Management*, 1998 (10).

⑧ Wayne Guay and Jarrad Harford, The Cash Flow Permanence and Information Content of Dividend Increase Versus Repurchases. *Journal of Financial Economics*, 2000 (9).

⑨ 何涛、陈晓：《现金股利能否提高企业市场价值的实证分析》，《金融研究》2002 年第 8 期。

⑩ 俞乔、程滢：《我国公司红利政策与股市波动》，《经济研究》2001 年第 4 期。

⑪ 孔小文、于笑坤：《上市公司股利政策信号传递效应的实证分析》，《管理世界》2003 年第 6 期。

（二）虚假信息披露与噪声交易

与真实信息相对，噪声是误导人们观察结果、和价值无关但可能影响资产价格，致使其非理性变动的错误信息，噪声可以使资产价格偏离资产的均衡价值；利用噪声进行的交易就是噪声交易。关于噪声与价值的相关性研究也存在两派不同的观点：

一派观点认为，噪声交易的存在使市场必须同时利用价格和私人信息才能完成对交易者后验信念的修正并准确传递交易者的需求函数，因此噪声交易降低了市场有效性[1][2]；噪声交易与信息冲击成正比，市场的价格发现功能较弱，使价格波动幅度较大[3][4]；噪声交易使得不知情交易者比例上升，买卖价差随之扩大，降低了市场流动性[5][6]。

另一派相反的观点认为，随着噪声交易者数量增加，知情交易者更有意愿积极参与交易，此时资产价格就更能揭示出私人信息，因此噪声交易能减少信息不对称并提高市场有效性[7][8]；噪声交易则是引起成交量放大的主要因素[9][10]；而且噪声交易越多，市场流动性就越大，价格形成过程

[1]　Admati, A. and P. Pfleiderer, A Theory of Intraday Patterns：Volume and Price Variability. *Review of Financial Studies*, 1988（1）：3 – 40.

[2]　Chakraborty A. and B. Yilmaz, Informed Manipulation. *Journal of Economic Theory*, 2004（114）：132 – 152.

[3]　De Long, J. B. , A. Shleifer, L. H. Summers and R. J. Waldmann, The Survival of Noise Traders in Financial Markets. *Journal of Business*, 1991（64）：1 – 19.

[4]　Easley, D. , N. M. Kiefer, M. O. Hara and J. B. Paperman, 1996, "Liquidity, Information, and Infrequently Traded Stocks". *Journal of finance*（51）：1405 – 1436.

[5]　Stoll, H. R. , Inferring the Components of the Bid – Ask Spread：Theory and Empirical Tests. *Journal of Finance*, 1989（44）：115 – 134.

[6]　Handa, P. , R. Schwartz and A. Tiwari, Quote Setting and Price Formation in An Order Driven Market. *Journal of Financial Markets*, 2003（6）：461 – 489.

[7]　Kyle, A. S. , Continuous Auctions and Insider Trading. *Econometrica*, 1985（53）：1315 – 1336.

[8]　Glosten, L. R. and P. R. Milgrom, Bid, Ask and Transaction Prices in A Specialist Market with Heterogeneously Informed Traders. *Journal of Financial Economics* 1985（14）：71 – 100.

[9]　Holden, C. W. and A. Subrahmanyam, Long – Lived Private Information and Imperfect Competition. *Journal of Finance*, 1992（47）.

[10]　Admati, A. and P. Pfleiderer, A Theory of Intraday Patterns：Volume and Price Variability. *Review of Financial Studies*, 1988（1）：3 – 40.

更加有效，知情交易者获利也就越多①②。

（三）网络会计信息披露真实度评价指标

网络信息披露真实度衡量方法的选择关系到研究的有效性和可信度。直接对网络会计信息披露真实度进行评价的文献不多，大多研究围绕信息披露透明度展开，它与信息披露真实度是包含与被包含的关系。现有研究主要从披露数量和披露质量两个角度进行评价。

以数量作为信息披露透明度替代变量的主要从强制信息披露数量③和自愿信息披露数量④⑤⑥两个维度构建评价指数，以数量作为评价标准简单明了，量化的结果可直接使用。

如国际财务分析和研究中心的 CIFAR 指数就采用上市公司年报中的资产负债表、利润表、现金流量表、会计标准、股票数据、一般信息和特殊项目中的 90 个指标为标准来衡量会计信息的披露程度，披露越多表明透明度越高；而标准普尔公司则采用 98 个指标来评价，这两个指数多用于比较不同国家间上市公司信息披露水平⑦⑧。

何玉构建了由网站披露形式数 + 强制内容数 + 自愿内容数 + 总数的数量评价指标，并从信度分析、分析师跟随、深交所考评及公司规模四个方

---

① Easley, D., S. Hvidkjaer and M. O. Hara, Is Information Risk A Determinant of Asset Returns. *Journal of Finance*, 2002 (57).

② Wang, F. A., Trading on Noise as If It Were Information: Price, Liquidity, Volume and Profit. Rice University Working Paper, 2005.

③ Alford, A., J. Jones, R. Leftwich, and M. Amijewsk, The Relative Informativeness of Accounting Disclosures in Different Countries. *Journal of Accounting Research*, 1993 (Supplement): 183 – 223.

④ Botosan C., Disclosure Level and the Cost of Equity Capital. *The Accounting Review*, 1997 (72): 323 – 349.

⑤ 汪炜：《公司信息披露：理论与实证研究》，浙江大学出版社 2005 年版。

⑥ 崔学刚：《公司治理机制对公司透明度的影响——来自中国上市公司的经验数据》，《会计研究》2004 年第 8 期。

⑦ Levine, R., N. Loayza, and T. Beck, Financial Intermediation and Growth: Causality and Causes. *Journal of Monetary Economics*, 2000 (46): 31 – 77.

⑧ Hope, Ole – Kristian, Accounting Policy Disclosure and Analysis Forecasts. *Contemporary Accounting Research*, 2003a, 20: 295 – 321.

面证明了其网络会计信息披露指数的构建效度较高①。

有研究使用一些财务趋势指标来反映某些财务指标在前后相继的会计期间内是否存在异常的趋势变动；或者使用财务指标截面评价来反映财务指标明显高于或低于同行业其他公司的状况②。

由于会计盈余与股价的特别相关性，较多的研究者使用会计盈余作为财务指标的代表来考察上市公司的信息披露透明度。如直接采用会计盈余作为上市公司信息披露透明度的替代变量研究其与公司治理的层级关系的相关性③；或者会计盈余及时性 + 会计稳健性等质量特征相结合作为会计盈余的透明度的替代变量④，近年来对于会计盈余的研究则多采用了盈余激进度、损失规避度和盈余平滑度三个指标来反映上市公司披露会计盈余的真实状况，也有研究以这三个指标的联合作为上市公司会计信息披露真实透明度的替代变量，考察其与资本成本以及证券市场交易量之间的关系⑤。

更为令人信服的指标或许是对上市公司信息披露的数量和质量进行综合评价的指标。如广为应用的美国投资管理和研究协会的 AIMR 信息披露评价指标，其上市公司的年度报告（权重较高）、季度报告以及管理者与投资分析者关系的活动三个方面进行质量和数量综合与评级，并且不同的行业具体考核指标有所不同⑥。

在中国，较为权威的上市公司信息披露综合评价指标并不多见。深交所从 2002 年开始按年度考核其名下的上市公司，考核主要包括信息披露

---

① 何玉：《网络财务报告研究：决定因素、经济后果与管制》，博士学位论文，上海交通大学，2006 年。

② 梁杰、王璇、李进中：《现代公司治理结构与会计信息失真关系的实证研究》，《南开管理评论》2004 年第 6 期。

③ Zhang, Tianyu, Corporate Layers and Corporate Transparency in a Transition Economy: Evidence from China. A Thesis Submitted to the HKUSTf, 2004.

④ Francis, J., R. La Fond, P. M. Olsson, and K. Schipper, Costs of Equity and Earnings Attributes [J]. *The Accounting Review*, 2004 (79): 967 – 1010.

⑤ Bhattacharya, U., H. Daouk, and M. Welker. The World Price of Earnings Opacity [J]. *The Accounting Review*, 2003 (6): 641 – 678.

⑥ Botosan, C., and M. Plumlee, A Re – Examination of Disclosure Level and the Expected Cost of Equity Capital [J]. *Journal of Accounting Research*, 2002 (40): 21 – 40.

的及时性、准确性、完整性和合法性四个方面，对上述四个方面赋予不同权重并分别评分最终形成优秀、良好、合格和不合格四个等级，并逐步对外公开考核结果，其结果①为许多研究所引用②③。

南开大学公司治理研究中心研发的中国公司治理指数（CCGINK），主要评价中国上市公司治理结构和能力，其中包含的对外信息披露指数，从可靠性、相关性和及时性三个方面对上市公司强制和自愿信息披露进行评价。从其公布的结果看，信息披露的及时性和相关性对于经济环境的变化是敏感的，且上市公司自愿信息披露的水平始终不够高④。

（三）相关研究述评

一个有效信息披露评价指数应该包括公司（自愿和强制）报告的数量和质量两个方面。此外，衡量指标还应当涵盖信息披露的频率、及时性和信息被财务分析师及其他中介机构传播和解释的程度⑤⑥。

利用信息披露数量来衡量网络会计信息披露真实度所隐含的假设是：上市公司所披露的信息真实可靠，因此信息披露越多，公司越透明，这在我国制度环境下并不完全适合。

如果能够获得并采用综合反映信息披露数量和质量的机构评级作为替代变量，将有助于提高研究网络会计信息披露真实度的有效性，但目前我国尚缺少全面、实用的权威机构评级指数。尽管深交所和上交所都对信息披露质量进行评级，但评价标准和口径不统一，且上交所未完全对外公布结果，因此难以利用证交所的披露评级对深、沪两市上市公司整体样本进行研究。

---

① 历年考核结果见深交所网站（www.szse.cn）。

② 张程睿、王华：《公司信息透明度：经验研究与未来展望》，《会计研究》2006 年第 12 期。

③ 方军雄、洪剑峭：《信息披露透明度与会计盈余的价值相关性》，《中国第四届实证会计国际研讨会论文集》，2005 年，第 1037—1048 页。

④ 南开大学公司治理评价课题组：《中国公司治理评价与指数报告——基于 2007 年 1162 家上市公司》，《管理世界》2008 年第 1 期。

⑤ Bushman, R. M., and A. J. Smith, Transparency, Financial Accounting Information, and Corporate Governance [J]. *Economic Policy Review*. Apr. 2003 (9): 65 - 87.

⑥ Bushman, R. M., J. Piotroski and A. Smith, What Determines Corporate Transparency? [J]. *Journal of Accounting Research*, May 2004 (42): 207 - 252.

从信息使用者角度来看，由于信息披露真实性是披露有效性和有用性的基础，所以许多研究财务指标特别是会计盈余出现异常特征而打破数据之间的勾稽关系为理论基础，采用简单的数学方法进行评分，从而达到识别虚假会计信息的目的。指标选取单一，简单加总缺乏科学性和合理性是这类研究易于受到诟病的原因。

四　网络会计信息披露真实度影响因素

网络会计信息披露真实度影响因素的研究多采取了实证研究方法。通常的做法是，根据不同国家的公司样本，考察实施信息披露的内外部影响因素。

（一）外部规制的影响

外部规制对上市公司网络信息披露真实透明度的影响体现在证券市场中的规则、监控与监督以及网络环境对上市公司网络披露行为的监督和约束作用。

1. 会计准则

国内研究会计准则对于信息披露质量的影响主要集中于比较中外会计准则的执行效果，近两年则侧重于比较新旧会计准则的影响。

为分析不同国家会计准则对上市公司信息披露真实透明度的影响，学者们多采用利用同时发行 A/B 股的我国上市公司的信息披露真实透明度与单纯发行 A 股的公司进行比较，从会计准则本身进行研究的结果表明，由于同时发行 A 股和 B 股的公司按照国际会计准则披露信息，基于股价的价值相关性高于按照中国会计准则披露的利润信息强[1]，B 股的会计盈余真实透明度整体上比 A 股会计盈余真实透明度高[2]。从会计准则的执行效果进行研究的结果则发现高质量的会计准则也不一定信息披露的真实度就好[3]，也没有证据表明在会计准则与会计信息披露真实透明度之间一定

---

① Bao, B. H., and L. Chow, The Usefulness of Earning and Book Value in Emerging Markets: Evidence from Listed Companies in The People's Republic of China. *Journal of International Financial Management and Accounting*, 1999 (10): 85 - 104.

② 杨之曙、彭倩:《中国上市公司收益透明度实证研究》,《会计研究》2004 年第 11 期。

③ 潘琰、陈凌云、林丽花:《会计准则的信息含量: 中国会计准则与 IFRS 之比较》,《会计研究》2003 年第 7 期。

存在线性关系①，规则的改良必须配以适当的环境和监督，才能发挥正常效用②。

2006 年发布的新会计准则的目标也在于大力提升会计信息的质量。相关研究表明新会计准则的实施部分提升了会计信息（如公允价值信息）的价值相关性③。

2. 市场监管

证券市场监管体系包含从体制到立法，从运行到监督等方面的内容，可分为对首次公开发行股票（IPO）的监管和已上市公司的监管，具体行动则有资格的考核与事后的处罚。

在我国证券市场上市是企业融资的重要途径，证监会对企业上市的请求审查指标多且严格，但从李弢的研究来看，尽管中国试图改进 IPO 的程序与信息披露透明度，但是核准制实施前后中国公司在 IPO 过程中利润操纵程度并无显著变化，IPO 过程中的信息披露监管未产生明显的效果④。

对业已上市的公司，监管的主要方法在于对配股资格的控制以及出现问题时特别处理的方法。当证券监管部门对配股资格规定考虑到企业利润操纵动机的因素时，会计盈余的透明度总体上变强；反之则弱⑤。在对于关联交易监管严格的地方和时间，上市公司的关联交易明显减少⑥。当然，相反的研究结论也并不少见，表明在我国相关监管政策的实施并非达到预期效果。如对被特别处理（ST）上市公司进行研究发现，只有少数 ST 公司能在证监会要求期间恢复运营能力并进一步发展，ST 制度或许并

① 刘峰、吴风、钟瑞庆：《会计准则能提高会计信息质量吗——来自中国股市的初步证据》，《会计研究》2004 年第 5 期。

② 肖星、宋衍蘅：《会计准则与会计信息质量——基于"新四项计提"的经验证据》［EB/01］，工作底稿，2004 年。

③ 王建新：《基于新会计准则的会计信息价值相关性分析》，《上海立信会计学院学报》2010 年第 3 期。

④ 李弢：《核准制与 IPO 公司利润操纵问题研究》，硕士学位论文，福州大学，2003 年。

⑤ Bushman, R. M., J. Piotroski and A. Smith, What Determines Corporate Transparency? [J]. *Journal of Accounting Research*, May 2004 (42): 207 – 252.

⑥ 谢碧琴、蒋义宏：《法律体系、上市规则与关联交易——以 H 股公司和 A 股公司为例》［EB/01］，工作底稿，2005 年。

非一个好的监管制度①。

3. 独立审计

独立审计制度是上市公司信息披露质量的重要保证。现有研究对于独立审计对会计信息披露真实透明度的影响，主要集中于会计事务所的质量上，而事务所质量的高低则由其规模和声誉进行判断，由此认为"四大"事务所审计水平较高，利润操控较少，聘请"四大"的有利于控制公司盈余管理行为，提高了信息披露真实透明度②；而非"四大"被定位为低水平审计，导致了灵活的会计处理且降低了会计信息披露的真实透明度③。当然，聘请高水平的会计师事务所或许是高质量上市公司的内生需求④，因为较高的审计质量会提升会计盈余可靠性及信息含量，提高上市公司的市场价值⑤。

（二）债权与行业

按照信号传递理论，高负债的公司由于债权人的监督，债务契约中的约束条件往往比会计准则更加强调稳健性⑥，会计政策选择也更趋稳健⑦，其信息披露一般更为真实可靠，故而证券市场一般对上市公司发行债券有正面响应，当然个别资产负债率大大超过平均水平的上市公司也并不被投资者看好⑧。

上市公司所处行业竞争程度的高低对其信息披露也有相当影响。如果

---

① 刘向东、张海文：《关于上市公司"特别处理"作用的研究》，《会计研究》2001 年第 8 期。

② Francis, J., E. Maydew and H. Sparks, The Role of Big 6 Auditor in the Credible Reporting of Accruals, *Auditing: A Journal of Practice & Theory*, 1999 (Fall): 17 – 34.

③ Becker, C., M. DeFond, J. Jiambalvo and K. Subramanyam, The Effect of Audit on Earnings-Management. *Contemporary Accounting Research*, 1998 (15): 1 – 24.

④ Teoh, S. H., and T. J. Wong, Perceived Auditor Quality and the Earning Response Coefficient. *The Accounting Review*, 1993, 68: 346 – 367.

⑤ 王艳艳、陈汉文：《审计质量与会计透明度——来自中国上市公司的检验数据》，《会计研究》2006 年第 4 期。

⑥ Holthausen, R. W., and Watts, R. L., The Relevance of Value – relevance Literature for Financial Accounting Standard Setting. *Journal of Accounting and Economics*, 2001, 31: 3 – 75.

⑦ 孙铮、刘凤委、汪辉：《债务、公司治理与会计稳健性》，《中国会计与财务研究》2005 年第 2 期。

⑧ 汪辉：《上市公司债务融资、公司治理与市场价值》，《经济研究》2003 年第 8 期。

一个上市公司所在行业具有高度竞争性，则该公司对外披露信息更为谨慎①；反之，处于垄断地位的上市公司由于规避政治风险的需要更倾向于自愿披露部分信息②；中国证券市场上传统行业和高成长行业之间信息披露透明也是有差别的③。

（三）内部治理机制

上市公司经营状况与信息披露除与外部环境息息相关之外，与企业内部的治理也密不可分。上市公司内部治理机制主要包括公司治理结构与内部控制，前者在于解决由股东、董事会与高层管理人员之间的关系所形成权利义务的合理配置，后者则为实现营运目标、披露的真实可靠信息提供合理保证。

国外学者的研究表明董事会有效性对于信息披露真实透明度具有正向作用。那些独立董事多、任职时间长的上市公司信息披露的虚假行为较少④；董事长总经理无两职合一，或者董事会家族成员比例低的上市公司自愿信息披露较多⑤；同时审计委员会的设置与独立性能够降低公司的盈余管理水平、提高自愿信息披露的程度⑥。而董事会不够独立、工作不够勤勉、专业性不够强的上市公司更有可能披露虚假信息⑦。而中国的研究结论存在分歧，部分研究结论支持董事会的独立性、活动强度和专业性

---

① Meek, Gary K., Clare B. Roberts and Sidney J. Gray, Factors Influencing Voluntary Annual Report Disclosures by U. S., U. K. and Continental European Multinational Corporations. *Journal of International Business Studies*, 1995 (26): 555–572.

② Mitchell, J. D., C. W. L. Chia and A. S. Loh, Voluntary Disclosure of Segment Information: Further Australian Evidence [J]. *Accounting and Finance*. 1995 (35): 1–16.

③ Bushman, R. M., J. Piotroski and A. Smith, What Determines Corporate Transparency? [J]. *Journal of Accounting Research*, May 2004 (42): 207–252.

④ Beasley, Mark S., Joseph V. Carcello, Dana R. Hermanson and Paul D. Lapides, Fraudulent Financial Reporting: Consideration of Industry Traits and Corporate Governance Mechanisms. *Accounting Horizons*, December, 2000 (14): 441–454.

⑤ Ho, S. S. M., and K. S. Wong, A Study of Corporate Disclosure Practice and Effectiveness in Hong Kong. *Journal of International Financial Management and Accounting*, 2001 (1): 75–102.

⑥ Ibid..

⑦ Chtourou, S. M., J. Bedard and L. Courteau, Corporate Governance and Earnings Management [EB/01], 2001, Working Paper.

与信息披露水平正相关①，部分研究却得到相反②或者关系不显著的结论③。

在考察股权制衡与信息披露的关系时，国外研究大多支持当股权较为分散或者股权集中于国家股时信息披露的水平较高④。而我国的研究表明由于第二至第五大股东持有的股份远低于第一大股东，其制衡能力相对较弱，对信息披露质量无显著影响⑤；或者缺乏股权制衡对会计信息披露质量具有负面影响⑥，不利于提高信息披露的真实透明度⑦。

尽管上市公司存在董事长总经理两职合一的情况，但是，分权是公司治理的侧重点，也是中外上市公司的主流，为解决代理问题，需要一定的激励机制。增强证券市场的有效性，强化企业内部控制能够有效地降低上市公司管理层信息虚假披露的程度⑧。

（四）相关研究评述

现有文献比较分散且多是针对发达资本市场的研究，得出结论不一定适用于有特殊制度经济背景的我国。且目前的研究很少从理论上分析网络会计信息披露真实度的决定因素；实证研究则多针对个别或部分因素，检验其对上市公司网络会计信息披露真实透明度的影响，而忽略了网络会计信息披露真实度其实是众多因素共同作用的结果，割裂了各因素间的联

---

① 李常青、管连云：《股权结构与盈余管理关系的实证研究》，《商业研究》2004年第19期。

② 崔学刚：《公司治理机制对公司透明度的影响——来自中国上市公司的经验数据》，《会计研究》2004年第8期。

③ 张逸杰、王艳、唐元虎、蔡来兴：《上市公司董事会特征和盈余管理关系的实证研究》，《管理评论》2006年第3期。

④ Eng, L. L. , and Y. T. Mak. , Corporate Governance and Voluntary Disclosure. *Journal of Accounting and Public Policy*, 2003（22），325 – 245.

⑤ 黄志良、刘志娟：《股权结构、公司治理、财务状况与上市公司信息披露质量》，《财会通讯》（学术版）2007年第6期。

⑥ 王跃堂、朱琳、陈世敏：《董事会独立性、股权制衡与财务信息质量》，《会计研究》2008年第1期。

⑦ 梁杰、王璇、李进中：《现代公司治理结构与会计舞弊关系的实证研究》，《南开管理评论》2004年第6期。

⑧ 罗富碧、冉茂盛、张宗益：《股权激励、信息操纵与内部监控博弈分析》，《系统工程学报》2009年第9期。

系，使人们难以分清影响的主要因素和次要因素。此外，由于对网络会计信息披露真实度的衡量缺少一套科学规范的评价体系以及得到广泛承认和应用的代表性或者权威性衡量方法，在一定程度上影响了研究结论的可比性和可信度。

第四节　研究方法与主要内容

一　研究的基本方法

上市公司信息披露问题是资本市场永恒的话题。现代经济管理学从不同的视角论证了信息披露问题。从信息经济学的角度看，现代企业制度中所有权和控制权的分离带来的公司内、外部人之间的信息不对称可能增加代理成本导致网络会计信息披露真实度下降，如果能对代理人进行有效监督将减少代理成本从而提高真实度；契约理论认为高效有用的信息有助于不完全契约条件下达成所有权安排（治理结构）的最优状态，并且通过消除经理人的信息垄断优势而降低契约的可塑性；而有效市场理论的出现使人们密切关注信息与以股价为表征的上市公司价值的相关性。

本书以有效市场理论的价值相关性为基点，综合运用经济管理学、会计学和信息管理学的相关理论，采用规范研究与实证研究相结合的方法，对网络会计信息虚假披露的成因、网络会计信息披露真实度评价及网络会计信息披露真实度的影响因素进行了理论与实证研究。

具体的方法有：界定了网络会计信息披露的概念并比较其与传统披露的异同；分析了上市公司会计信息的内生与外在价值的不同效应及其实现方式；从哲学、制度经济学和信息经济学的视角探究了网络会计信息虚假披露的形成原因；构建网络会计信息披露真实度的评价指标体系，并利用模糊综合评价方法对样本上市公司进行综合考评；建立外部规制和内部治理影响因素回归模型；采用相关分析、OLS 与 2SLS 方法寻求影响上市公司网络会计信息披露真实度的重要影响因素。

二　研究的主要内容

本书综合运用经济学、会计学和信息管理学的理论，采用在规范研究基础上进行实证研究的方法对网络会计信息披露相关问题进行探讨。本书的基本思路为：

网络渠道的出现给会计信息披露带来机遇和挑战，但网络信息披露的概念尚未定论。笔者以网络将改变上市公司会计信息披露的模式乃至传统会计理论为基点，对网络信息披露的概念进行了界定。分析了网络信息披露的价值所在，对传统与网络信息披露的真实度进行了比较研究。

从笔者对网络会计信息披露的真实度的调查统计分析来看，投资者对网络会计信息披露真实度高度重视，但对其现状却并非满意的态度，笔者试图从不同的理论视角规范分析网络虚假信息披露的成因。

在理论分析的基础上，笔者又试图从实证角度进一步分析究竟有哪些因素导致了一些上市公司网络会计信息披露真实度高，而另一些则相反，为研究这个问题，必须构建网络会计信息披露真实度的评价指标，所以本书在在对比和评价现有衡量信息披露真实透明度方法的基础上，采用从网络强制披露、网络自愿披露和网络会计信息披露财务指标三个维度构建综合评价指标体系，以求评价结论更加合理。

面对网络会计信息披露真实度的综合评价结果，笔者结合中国上市公司信息披露的制度背景，从理论上分析影响上市公司会计透明度的内部因素和外部因素，应用中国上市公司数据，采用多元回归技术区分了检验外部规制与内部治理各因素对网络会计信息披露的影响。

这几个问题层层深入，形成了一个有机的理论体系。图1－1给出了这几个问题之间的逻辑联系。

本书研究的主要内容有：

（1）界定了网络会计信息披露真实度的相关概念；从历史的真实与现实的真实，客观的真实与主观的真实的视角分析了会计信息真实性的辩证关系。

（2）分析了会计信息的内生价值与外在价值；探究了网络会计信息虚假披露的价值偏离；比较了网络与传统会计信息披露真实度的异同。

（3）对网络会计信息披露真实度的现状进行调查统计分析；从成本—效用的视角分析了上市公司网络信息披露的价值均衡点；从制度经济学的视角分析了上市公司虚假信息披露与其经营的路径依赖关系；构建了上市公司披露虚假信息的博弈模型并进行均衡分析。

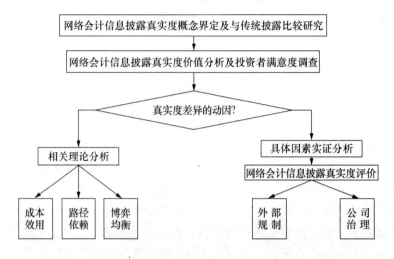

图 1 – 1　本书研究框架与逻辑联系

（4）以深交所考评结果作为强制网络会计信息披露真实度的替代变量，从上市公司自建网站的形式与效率两个维度构建了自愿网络会计信息披露评价指标体系，以盈余平滑度作为网络会计信息披露真实度财务特征的替代变量，利用模糊综合评价法对深交所 2006—2008 年 1525 个样本公司进行综合评价，得到各样本公司网络会计信息披露真实度的评价分值及排名。

（5）以网络会计信息披露真实度的模糊综合评价为因变量，以会计准则、市场监管、独立审计、债权人监督及行业竞争等为自变量，建立回归模型，考察上市公司外部治理机制对于网络会计信息披露真实度的影响。

（6）以网络会计信息披露真实度的模糊综合评价为因变量，以董事会、股权结构与报酬契约为自变量，建立回归模型，考察公司治理对于网络会计信息披露真实度的影响。

（7）在考察网络会计信息披露总评价影响因素的同时，考察了总评价的组成因子强制网络会计信息披露真实度（深交所考评）、自愿网络会计信息披露真实度（网站考评）及网络会计信息披露真实度财务特征（盈余平滑度）与内、外各影响因素之间的关系。由于盈余平滑的隐蔽性及利益相关者对其的特别态度，特别关注盈余平滑度与各影响因素的不同相关关系及与其他因变量的差异。

第二章 网络会计信息披露真实度概述

信息技术特别是互联网技术的发展，使会计信息披露经历着从纸张介质到网络介质为主的革命。国内外研究和笔者的调查①都表明，传统财务报告的价值呈下降的趋势②，互联网正成为用户搜索企业财务信息的主要渠道③④，基于网络的上市公司信息披露真实性问题也呈现出新特点。

第一节 相关概念的诠释与界定

一 会计信息披露

上市公司信息披露，因一般是证券市场上市公司的行为，故常被学界简称为信息披露，本书如未特别说明，所用的信息披露概念均特指上市公司信息披露。信息披露顾名思义就是信息公开，信息公示，信息报告，在证券市场凡影响股东、债权人或潜在投资者等信息使用者决策的信息，如上市公司的会计信息、公司治理信息、重大事件信息、管理层讨论与分析信息和证券发行信息等，上市公司都应当定期或不定期通过一定的传播媒介予以公布。

---

① 参见本书第三章第一节表 3 - 2。

② Lev, Barucb/Zarowin, Paul (1999), The Boundaries of Financial Reporting and How to Extend Them. *Journal of Accounting Research*, Vol. 37: 353 - 385.

③ Lymer, Andrew (Ed.) (1999), Special Section: The Internet and Corporate Reporting in Europe. *European Accounting Review*, Vol. 9: 287 - 396.

④ 张天西、杨海峰：《网络财务报告改革：利益相关者的态度研究》，《当代经济科学》2004 年第 3 期。

　　信息披露包括会计信息披露和非会计信息披露。证券市场需要的信息可分为宏观信息、中观信息和微观信息[①]，会计信息属证券市场需要的微观信息之列，其内容对评价上市公司价值有直接影响；其数量占企业信息的70%以上，是资本市场功能正常发挥的重要保证。因会计信息披露在上市公司信息披露中的重要地位，以及对外信息披露一般是对证券市场上市公司的特别要求，故常有文献在研究上市公司会计信息披露时也简称为信息披露。为避免歧义，本书仍使用会计信息披露的概念。

　　证券市场的会计信息与上市公司会计信息披露是一个问题的不同视角。会计信息披露是上市公司对外的一种披露行为，而证券市场的会计信息是上市公司信息披露的结果，它能为利益相关者获取和使用。为深刻理解这一问题，我们需要分析证券市场会计信息的供应链（见图2-1）。从图2-1可以看出，当上市公司的经济活动产生以货币计量的"交易"和"事件"时，上市公司会计必须对其进行会计处理，形成上市公司内部会计信息，上市公司在制度和自身的利益驱使下会通过各种媒介对外披露其中的部分而非全部，从而形成证券市场会计信息，如无特别说明，本书所用的会计信息均指证券市场会计信息。这里需要注意两个问题：其一，上

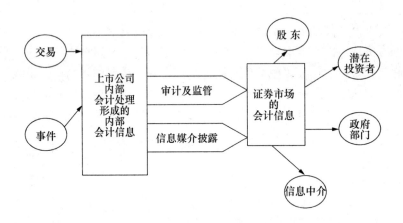

图 2-1　证券市场会计信息供应链

---

　　① 王海：《论我国证券市场投资者的信息需求及其演变》，《市场周刊·财经论坛》2003年第11期。

市公司内部的会计信息并不完全等同于证券市场的会计信息；其二，上市公司披露会计信息可能通过各种渠道（包括网络），最终汇集成证券市场会计信息。本书研究上市公司的会计信息披露问题，既要分析上市公司披露的行为，同时也需要考察披露导致的后果。

二　网络会计信息披露

网络信息披露是上市公司通过网络（主要为互联网）媒体对外披露信息。当前学界对通过网络媒体进行信息披露并没有形成一致的定义。其英文用词"Business Reporting on the Internet"，常常被译为"网络财务报告"，意指上市公司通过互联网或类似通信技术来披露公司信息，以帮助利益相关者做出关于公司的资本分配决策①。这样的定义容易引起这样的歧义：一方面，网络信息披露包括许多不同的元素，财务报告仅仅是这些元素之一；另一方面"网络财务报告"却似乎将报告限定在报告财务会计信息的框架之内。

当然，一个事物使用何种定义常常与其发展历程相关。上市公司在互联网上披露信息通常会经历这样几个阶段：首先建立公司网站，但在网站上披露的信息大部分和投资者关系不大；当上网人数达到一定数量时，上市公司理解网络的重要性并利用互联网传播信息，上市公司会评估其希望交流的不同群体的不同需要；然后上市公司熟练地运用利用网络的独特优势和能力（如 XBRL）在各类网站披露各种公司信息并让信息使用者获取信息和分析信息更为方便、快捷。最后这个阶段，网络将成为公司信息披露的主要渠道。在这个阶段，网络技术的各种优势真正得到淋漓尽致的发挥。

目前，中国和其他许多国家一样，处在发展的第二阶段到第三阶段过渡时期。大多数企业都认识到网络的价值和优势，大多数公司网站上都开设有投资者关系栏目。管理部门正引导上市公司使用 XBRL 披露会计信息。

严格来说，当前，上市公司通过网络披露相关信息较少引起歧义的名称应该是"基于网络的信息披露"，披露相关会计信息则用"基于网络的会计信息披露"。到了网络披露的第三阶段，网络这种传播媒介与上市公

---

① 何玉：《网络财务报告研究：决定因素、经济后果与管制》，博士学位论文，上海交通大学，2006 年，第 53—63 页。

司会计信息披露融为一体，才可以将"网络会计信息披露"认作是一个约定俗成的术语。但"基于网络的会计信息披露"作为一个关键词显得过长且不太符合国人的用词习惯，所以笔者大胆提前使用"网络会计信息披露"作为关键词之一。

三　网络会计信息披露真实度

网络会计信息披露真实度，特指上市公司通过网络渠道披露会计信息的真实程度。基于信息不对称的视角，本书假定上市公司生产的内部会计信息是如实反映了其生产经营活动的，但在对外报告时可能采取真实披露或虚假披露两种策略，结果导致证券市场会计信息的真实或失真。

信息披露的真实透明度是证券市场的永恒话题。通过网络媒体披露的会计信息的作用和传统媒体的作用一样，都是使利益相关者减少对企业经济活动的不确定性、怀疑性和模糊性，帮助其了解企业经营活动。

任何事物的产生、发展和变化与其所处的环境密切相关，会计信息披露也不例外。互联网的应用和普及，促使全球网络经济形成，从而影响和改变着上市公司内外的环境和会计信息披露赖以存在的基础。但我们必须牢记的是，无论采用什么样的信息披露技术和媒体，证券市场的信息使用者对会计信息真实性的期望是不变的，尽管网络的特性决定了网络会计信息披露的真实性表现出不同特征。

第二节　会计信息真实性辩证思考

由于证券价格对会计信息的高度敏感性，会计信息往往也是违法违规者企图操纵的重点，也成为监管的重点对象。为达到"决策有用"会计目标，各国管理部门都制定了证券市场会计信息应该具备的质量标准。这些标准既是考察证券市场会计信息质量的一般原则，也是对上市公司会计信息披露行为的约束规范。在这些质量要求中都包含着对真实性的最基本要求。为深入理解真实性的内涵，需要辩证分析几个基本问题。

一　真实性与真实度

会计信息的真实性是一种性质，是相对的而不是绝对的。能够被我们衡量的是会计信息的真实度。会计信息按真实程度可分为绝对真实、相对真实和不真实。

会计信息绝对真实是指会计信息对企业经济活动本来面目的再现。这种再现要求的是会计信息是企业财务状况、经营成果、现金流量等的百分之百的原本表现。实际上，绝对真实只是一种理论上的真实，这种真实是不切实际的，而且绝对真实的会计信息不一定就是满足信息使用者要求的会计信息。例如，越来越多的经济业务本身复杂性提高，使信息披露规则无法跟上这种变化；会计方法上的局限性；重要性原则、稳健性原则以及成本效益原则等决定了会计模糊性的存在，所以会计信息的"绝对真实"只是会计学者、会计准则与会计制度制定者追求的一种"境界"，是一种"终极目标"。

现实经济生活中有许多因素导致我们得到的会计信息往往是相对真实的会计信息。会计信息的相对真实是指在一定的经济环境下，会计信息能够对企业经济活动基本特征准确描述，以"不歪曲"企业经济活动情况为基本判断标准。现实中相对真实通常表现为会计信息的"合法性"，即会计确认、计量、记录和报告遵循会计准则和会计制度等法规制度的要求。所以说，会计信息的相对真实是一种现实的真实。但是这并不等于说，我们可以放弃对会计信息真实性的追求。如果从哲学的角度理解会计信息的绝对真实性和相对真实性，理想的真实和现实的真实并不矛盾，而是相互包含，相互渗透的。每一个时期的相对真实性的实现都是向绝对真实性无限逼近的过程中的一步，绝对真实正是由无数相对真实构成的。在通向绝对真实的道路上，人们通过不断的努力和改进来提高会计信息的真实性，对于投资者等会计信息使用者而言，会计信息符合"合法性真实"要求，达到了"可接受真实程度"。

证券市场的会计信息种类很多，但与上市公司价值最直接相关的是会计盈余。不真实的会计盈余信息可以分为四个层次，分别是平滑收益、盈余管理、利润操纵和会计舞弊。这四个概念从程度上来说是递进的。平滑收益只是将利润在时间序列上的波峰和波谷去掉，以呈现出一个稳定的利润趋势，这种做法在应用中较为常见，而且因为其大多只是在小范围内改变利润在不同年度的分布，所以也易为人们所接受。盈余管理则是上市公司的管理者在对外信息披露时或安排交易中利用职业判断，以误导利益相关者对公司业绩的看法，或影响那些以会计数字为基础的契约的结果。利润操纵则是故意利用会计制度的漏洞和不足抬高或压低利润并披露到证券市场，是对会计制度的滥用。会计舞弊虽然也有机会主义的动机，但它比利润操纵更为严重，其行为不仅超出会计制度的框架，而且还可能触犯了法律。

二　可靠性、相关性的对立统一

可靠性和相关性是会计信息的最重要质量特征。它们对立于可用性，统一于真实性。

无论 FASB 还是我国都将真实性作为可靠性的次级质量特征之一，虽然 IASC 中没有明确提及真实性一词，但是其"如实反映"和"实质重于形式"的次级质量特征中都已包含了真实性的内涵。可靠性与真实性之间确实存在紧密的联系，但是并不能够将两者混为一谈，认为可靠性就是真实性，真实性则是可靠性的代名词。事实上，两者之间是一种包容的关系。可靠性除了包含真实性之外，一般还包括可核性（可验证性）和公允性（中立性）。但是，与其他次级质量特征相比，"真实性是可靠性的核心"，也就是说，可靠的信息必须是真实的。

表面上看，相关性中并未提及真实性。然而，真实性是融入相关性的预测价值、反馈价值和及时性三个次级质量特征之中的。从预测价值来看，例如，"2008 年国际原油价格持续上涨"这条信息是中国石油（601857）股价的相关信息，但它也必须以真实性为前提。如在国家暂时不会放松油气价格管制的前提下，我们会调低中国石油盈利的预期，这一预测信息正是通过对汽油的成本—效益比较因素来判断的，因此，预测性信息也必须是以真实性为前提，必须有科学依据，遵循科学合理的预测方法。同样，反馈价值和及时性也必须要以真实性为前提。所以，真实性是相关性的前提和基础。

当我们将真实性融入可靠性和相关性中去理解之后，可靠性和相关性的关系似乎不再是水火不相容的，而是可以调和的，可以共同发展的。通过对真实性的解析，使我们认识到真实性无论对于可靠性还是相关性来说都是不可或缺的，真实性既是可靠性的核心要素，又是相关性的前提和基础。现实的经济环境对历史的真实提出了严峻的挑战，现实的真实成为用户关心的焦点，客观的经济环境在提出挑战的同时，也给予了可靠性和相关性共同提高的大好时机，会计计量不再是单一的以历史成本为计量基础，多种计量属性并存成为客观事实，未来的发展公允价值计量属性将大有作为，真实性作为可靠性和相关性联系的纽带，它的提高带来的将是可靠性和相关性的共同提高。

三　历史的真实与现实的真实

上市公司的经济活动随主客观环境的变化而变化，会计信息记录了某个时间区域的经济活动，符合当时的主客观环境要求。然而，随着时间流逝这些记录成为历史信息。在历史的条件下获取和处理的会计信息反映了历史的真实。但是随着政治、经济与技术进步导致外部环境的变化，以及人们知识的积累导致对资本市场的更多关注，对会计认知水平的不断提高，对于上市公司披露的会计信息的需求数量不断增加、质量不断提升，原来被认为是正确的会计处理方法可能会被认为存在缺陷，历史上真实的会计信息可能变得不真实。反之，某些原来认为是错误的或不可能的方法可能会得到承认和支持，原来相关性不强的信息变得有用起来。最典型的例子便是会计信息计量属性从历史成本计量属性向多元化计量属性的发展变化。历史成本计量属性，由于其具有较强的客观性和可验证性，曾一度被认为是最具真实性的。但是，随着经济的发展，历史成本计量属性遭到越来越多的质疑和谴责，人们认为历史成本越来越不能反映经济真实性。因此，现行的会计核算中越来越多的融入了现值的概念。2006 年的《中国会计基本准则》第四十三条明确规定："企业对会计要素进行计量时一般应用历史成本"，但把"公允价值"列入可供选择的计量属性。不论会计核算以何种计量属性为主，信息使用者期望获取的是具有更多现实真实，而不仅仅是历史真实的会计信息。可见证券市场会计信息的真实性随着时间的变化而动态变化。

四　客观的真实与主观的真实

实践活动是联系主客观世界的纽带，会计作为一种实践活动也联系着主客观世界。会计信息应该是客观经济活动的会计反映。存在于我们的头脑里的主观意识，人们只能用语言表达它，用文字记录它，不能用它直接作用于客观事物，也不能期望它百分百正确反映客观经济活动。当人们的主观能动性被调动起来处理会计的收入确认、成本核算、盈余的计算等活动时，不可避免地会加入主观估计、判断和综合等意识的行为，对于某些难以处理的问题，更是加上以自己意志为转移的逻辑推理与模糊化等行为。所以，无论在会计理论与准则的制定上，还是具体的会计处理与会计信息发布的过程中，对于客观经济事物的会计反映程度都是有限的。

会计信息的客观真实性取决于会计对象和会计技术。会计对象是会计的客体，直观来讲会计对象即是经济主体（企业）的经济业务或经济事项。会计技术则是指会计信息生成的过程中会计核算中所运用的会计程序和方法。会计对象本身并不是完全可以精确计量的，并且随着经济的发展会计对象日趋复杂化，表现为会计对象的扩大和深化，会计中的不确定性、模糊性日渐增多，会计信息真性中开始融入越来越多的概率成分，可以说不确定性已经成为会计对象固有的一种属性。受这种不确定性的制约，加之从会计对象—上市公司内部会计信息—证券市场披露的会计信息的处理技术的不完备，必然会影响会计信息与相应客观经济活动的吻合程度。当然也正是由于会计对象的不确定性增加反过来促使会计技术的进一步完善，越来越多的信息技术应用到会计信息系统中就是例证之一。

会计信息的主观真实性取决于会计行为者。会计信息作为一种主观见之于客观的事物当然会受到会计信息生产者——会计人员本身的素质、能力、经验、品德等因素的影响。会计对象本身是一种客观存在的事物，会计信息则是通过人的主观行为而形成的对会计对象的一种描述。由于人的行为在会计信息能否完全对会计对象真实表达的问题上存在巨大的能力差异，不同的人，在不同的条件下，在不同的环境中，对会计对象状况的信息表达是有差异的；不同的人，由于道德素养、技术水平、所处地位的差异对会计信息的真实性的保证程度不同，这就决定了由其处理发布的会计信息对客观经济活动的反映的真实程度有所不同，或者与投资者要求的真实性存在差异。如上市公司经理人持会计信息真实程序理性观而投资人则持会计信息真实的结果理性观[①]就是例证。

限制人的行为对会计信息的有意扭曲，一方面要提高会计人员自身素质，另一方面则要求生产和披露会计信息的行为必须严格遵守一定的行为规范，例如，会计规则或法律制度能较为有效地规范上市公司信息披露行

---

① 蒋义宏：《会计信息失真的现状、成因及对策研究》，中国财政经济出版社 2002 年版，第 15—26 页。

为。当然，在程序合法的外衣下，上市公司经理人往往能占据上风。

第三节　网络会计信息披露真实度的价值分析

证券市场的会计信息是信息产品，具有信息产品的共性。但证券市场的会计信息由私人生产而又由监管部门强制披露，所以关于会计信息是公共物品还是可以商品化的私人物品的争议从未间断。私人物品说认为一个完全竞争的资本市场具有强大的动能刺激理性假设下的上市公司和投资者尽力收集信息和报告信息，因此，仅市场过程就足以调节信息的供求，公共干预的过程就毫无必要；而公共产品说则认为证券市场会计信息的公共产品性质使它具有外部性，信息供给者不能让所有的信息使用者付费，将导致供给不足，为防范上市公司管理者操纵市场必须通过公共力量加以干预，以限制资本市场上的垄断和投机行为。两派意见交锋的结果导致上市公司生产的会计信息部分需要通过审计并强制披露，部分可根据上市公司的动机自愿披露。争议事实上围绕着上市公司信息的对于供求双方的价值（效用）而展开，会计信息的内生价值与外在价值的混淆或许是问题的症结所在。

一　会计信息的内生价值

证券市场会计信息在生产过程中凝结了人类的劳动，与其他产品一样具有内生价值。但它与一般信息产品的区别在于，会计信息本身只是上市公司存在的附属物并不能作为独立的产品出售。如果我们把企业看成是产品，会计信息就是反映企业情况的标签，离开了其所标志的上市公司，几乎没有任何使用价值，也无法实现其价值。从这个意义上来看，笔者赞同视会计信息为标签产品的说法[1]。故而上市公司会计信息的价值实现有其特殊性。

上市公司会计信息价值的标签产品特性决定了它的补偿方式分为直接实现和间接实现两种。直接实现意味着通过直接向信息使用者收费的方式

---

[1]　张愈强：《对会计信息产权问题的思考》，《财会月刊》2005 年第 4 期。

补偿价值。这种方式既类似于商品交易的价值实现方式，又因其付费方式的隐蔽性而存在差异。上市公司会计信息使用者对其的付费形式分为先付费、后付费与不付费三种，这三种付费方式与一般商品交易的付费方式大相径庭。使用会计信息先付费是对股东而言，由于会计信息的内生成本直接减少了其剩余，其付费方式隐藏在其权益缩水中；使用会计信息后付费类似于先付费的补偿方式，只不过是针对潜在投资者而言，事实上，会计信息的内生成本已在上市公司的市场价值中得到反映，潜在投资者购买股票所支付的价格中就包含这些成本；证券市场的信息是公开的，自然存在可以不为使用会计信息直接付费的其他利益相关者，如确实不需要付费的政府部门，债权人和供应商等，加上确实应当付费却未付费的利用会计信息获利的中介机构，不过这些搭便车者却是上市公司在公开市场融资时无法回避的。

由于证券市场会计信息不同于一般意义上的信息商品，其内生价值的特殊补偿方式使其产生这样一个悖论，会计信息需求上升导致供给的增加，供给的增加导致内生成本增加，但是，其中相当部分的成本却得不到直接补偿。这是否意味着上市公司会计信息的价值就一定无法实现呢？

事实上，上市公司会计信息的价值还存在间接实现方式，会计信息内生价值的间接实现主要体现在度量合同各方的投入及应得利益、降低合同及代理成本、降低资本及政治成本、传递经理人行为信号等方面。由于会计信息的间接实现方式会给上市公司带来融资、股价及利益等多方面影响，是其管理者更注重的价值实现方式。

二　会计信息的外在价值

会计信息的外在价值体现为利益相关者获取信息之前与之后的最大效用之差。在有效市场理论的研究框架下，会计信息的外在价值体现为证券价格乃至上市公司市场价值的决定因素，当利益相关者的反应反作用于上市公司时，上市公司可能会为提升其市场价值①进一步对外披露信息。

有效市场理论建立在（1）市场价值目标函数：证券价格最大化；（2）理性经济人假说；（3）信息成本和交易成本为零；（4）上市公司如实披露"好消息"四个假设基础上。从本质上看，有效市场假说研究的是将传统

---

① 上市公司市场价值的高低可用股票价格来代表。

的确定性模式下的零利润状态扩展为不确定性情况下竞争中的动态价格行为。该假说认为，在一个充满信息交流和信息竞争的社会里，一组特定的信息能在股票市场上迅即被投资者知晓，随后，股票市场的竞争将会驱使股票价格充分且及时反映该组信息，从而使得投资者根据该组信息所进行的交易不存在非正常报酬，而只能赚取风险调整的平均市场报酬率。

这样完美的市场显然与现实是有差距的，所以有效市场是一种现实难以达到的理想状态。现实中，股份有限公司制度下的委托—代理关系中，上市公司是"契约关系的综合"。而契约的实质是信息，它反映了委托—代理双方的权责关系，若委托—代理双方所掌握的信息是完全一致的，那将不会出现代理问题。然而在现实中，双方有不同的效用函数，为了自身利益，不可能把彼此的私人信息如实告诉对方，因此，委托—代理双方存在信息不对称性。其主要表现为信息在证券市场的利益相关者之间的分布不均匀、不对等。真实的会计信息可以理解为一种客观的事实或规律，尽管在会计信息的生产和处理过程中有技术等各种原因导致的偏差，但相对真实的会计信息在委托—代理关系中由代理人掌握。大多数委托人只能接受代理人披露的会计信息，准确地，应该称之为信号，利用自己的信念观察收到的信号并修正它的信念进而决策[1][2]。

所以，从委托—代理的关系导致的信息不对称视角看，作为委托方的投资者，无论是否拥有会计信息的所有权，都会强烈地要求代理方提供真实可靠的会计信息。而作为代理方的上市公司管理者，是证券市场会计信息的提供者，在其不能作为独立商品进行等价交换时，提供什么样的会计信息，如何提供会计信息，并不取决于会计信息的所有权归属，而要取决于管理者自身的效用函数。因此，相对于一般物品而言，会计信息归谁所有并不重要，重要的是它向利益相关者和市场传递的信号。当然，如果这类"信号"不足以使投资者了解上市公司的价值类型，他们便只会按照同一市场上该类商品的平均价值支付价格来购买，如此逆向选择进而形成

---

[1]　Spence, A. Michael, Informational Aspects of Market Structure: An Introduction. *Quarterly Journal of Economics*, 1976, 90 (4): 591 –597.

[2]　Spence, A. Michael, Competition in Salaries, Credentials, and Signaling Prerequisites for Jobs. *Quarterly Journal of Economics*, 1976, 90 (1): 51 –74.

所谓的"柠檬市场"。

在有效市场理论的假说下，上市公司是追求市场价值最大化的理性经济人，"柠檬市场"的结局绝非他们愿意看到的，所以理论上有"好消息"的公司有意愿披露更多真实信息以实现会计信息的外在价值；而有"坏消息"的公司在被发现概率小或者即使发现但处罚不多时，则期望向市场传递虚假信息以提升公司市场价值。

三　网络信息虚假披露与价值偏离

网络会计信息披露真实性与网络会计信息虚假披露是一个问题的正反两个方面。尽管证券市场的价值是一种客观存在，证券市场"价值发现"就是对上市公司价值的"共识"达成一致的行为，在实际交易过程中实际表现为对价格的"共识"。这种共识的达成是证券市场众多的投资者集体行动的结果，价值判断的标准无法实现静态均衡，更无法先验地判断哪些会计信息与价值有关，哪些无关。

如果上市公司利用其天然的信息优势出于某种目的而披露虚假信息，当这类虚假信息充斥市场而影响投资者的信心时，上市公司价值便得不到正确评价，价格与价值之间就会出现偏差，价值偏离程度超过一定幅度就形成所谓泡沫。更为糟糕的情况是逆向选择的发生，导致市场资源配置的低效率，使得社会帕累托最优交易无法实现；同时由于不对称信息的存在，投资者将会要求更高的资本报酬，以补偿其风险或进行财务分析的成本，导致企业融资活动的困难和资本成本的上升①。

所以"噪声交易理论"认为，现实中的资本市场上，信息并不是完全真实可用的，而是包含着各种"噪声"的成分；资本市场交易并不是一种在纯净信息下的交易，而是一种"噪声交易"；资本市场上证券的价格不仅反映了信息，还反映了其中的"噪声"。

当然证券市场适度的噪声信息是容许的，即便是在发达国家成熟的证券市场上也存在噪声和内幕交易，正是有了噪声机制，才得以维持证券市场的流动性。按照金融市场微观结构理论，一个市场是否有效的考量标准有风险、透明度与流动性等等。证券市场的流动性是其正常运转，有效配

---

① William H. Beaver, *Financial Reporting: An Accounting Revolution*. Prentic – Hall Contemporary Topics in Accounting Series, Prentic EMHall Inc. , 1998.

置资源的保障。

但是，噪声交易对市场流动性和有效性的正面影响是有限的。噪声交易过多时，资产价格中的信息含量会减少，对市场有效性的负面影响显现出来。

在投机交易普遍时，交易者可能基于某些虚假信息甚至是谣言进行交易，导致证券市场价格与价值的明显偏离和资源的不合理配置。当聚集于噪声的交易者数量大量增加并反应过度的时候，"羊群效应"就发生了。"羊群效应"导致大量交易者聚集于与价值并无关联噪声上，使得价格偏离价值。

此外，有私人信息的知情交易者为掩盖其利用内幕信息获利的交易行为，也常常在市场进行噪声交易，由于一般投资者只能观察其他人的行动而无法获知其私人信息，极易为少数别有用心的人所利用。在噪声交易的掩盖下，知情交易者获得了超前收益。这种"羊群效应"引发的噪声交易增加乃至金融泡沫的出现可能导致经济资源配置的畸形，不利于证券市场的正常交易和有序运行，严重影响了证券市场的有效性[①]。

第四节 网络与传统会计信息披露 真实度的比较研究

关于网络信息披露的问题，目前存在两种观点：一种是认定网络只是一种新的信息披露渠道，对会计理论无影响；另一种是认为随着技术的改变，将引起会计信息披露模式和需求的变化，最终导致理论的变革（见图2-2），笔者同意后一种观点。

图2-2 网络会计信息披露影响路径链

---

① 张建伟：《噪声交易、金融泡沫与金融市场多重均衡理论》，《当代经济科学》1999年第4期。

一　网络会计信息披露的技术特性

在会计信息披露的历史演进过程中，表现出对于信息披露的技术的路径依赖，当新处理流程的成本低于其带来的利益，即信息成本的改变影响了各种处理流程和工具的成本—效益均衡点时，新技术被采用了。由此看来，信息技术特别是互联网技术的出现是令证券市场振奋的事件。

真实可靠的会计信息应该是及时的、完整的和可稽核的，且其生产与披露受到成本—效益原则的约束。网络技术是一把双刃剑，它对于会计信息披露的真实度具有正反两方面的作用，使其呈现出与传统披露不同的特征。

具体来说，网络技术的运用提高及时性、降低信息披露的成本；但同时，证券市场会计信息的完整性与可核性与网络等信息技术安全性的相关度增加，信息质量控制难度进一步加大，存在更为隐秘的会计信息失真的风险。

（一）高时效性

证券市场信息不对称现象从时间特性看，可以用各利益集团获得信息的及时程度来解释。按与上市公司管理层的距离来划分，距离越近的接触相关会计信息的时间越早，相对距离越远则信息劣势越明显。对于处于会计信息供应链末端的利益相关者而言，不具备及时的会计信息，其害有三：一是增加了投资者的决策风险——缺少具有确定性的决策依据；二是有损会计信息的基础性地位——使信息使用者转而寻求其他的信息来源；三是为某些公司操纵会计信息，编制虚假报表，创造了时间条件。从这个意义上说，不及时披露的会计信息还影响到资本市场的效率和公平。

会计信息真实度之时效性表现为会计信息能够在规定的时间范围内或使用者要求的时间限度内到达使用者。不及时披露的会计信息，即使是客观反映了上市公司的经营活动也沦为过去时，不能正确反映其价值。在现实的中国市场，早、晚披露信息之间存在一定程度的信息不对称现象，及时性具有一定的信息含量①。

网络改善了上市公司内部财务信息的处理与利用效率。远程生产的信

---

① 朱晓婷、杨世忠：《会计信息披露及时性的信息含量分析——基于 2002—2004 年中国上市公司年报数据的实证研究》，《会计研究》2006 年第 1 期。

息能自动反馈给内部信息系统；报告和合并内容改善反应迅速，年报、季度报告，可能变为月报、周报、日报甚至即时报告，典型的案例思科（Cisco）系统可在几小时内结清所有账簿[①]。对于要求高频率及时发布的报告，考虑其信息滞后的危害性，因特网无疑是其发布的最佳途径。

（二）低信息成本

成本是信息披露真实度约束条件。当上市公司以成本为借口不披露信息时，常常会得到投资者的谅解。互联网的最重要的特点是低成本的信息共享，因特网对企业会计信息流动及其最终质量的影响首先体现为改变了信息收集、处理特别是发布的成本。过去昂贵的信息收集、处理和发布费用在网络环境下大大降低，新技术应用带来的利润使因特网披上了能动的外衣。

网络使得公司信息易于访问。公司能使用网络将信息传递给更多的客户，使所有客户有平等的访问机会，降低了机构投资者的信息优势，实现所谓资本市场的民主化。理论上讲，网络技术能保证信息披露的速度，披露和归档的时间相应地缩短，上市公司持续和迅速发布与股价相关信息是完全有可能实现的，按需报告也不再是遥不可及的梦想。

用户利用网络可以低成本快速地搜索、过滤、检索、下载甚至重构上市公司的网络会计信息。配合网络及信息技术的进步，会计信息已经不限于静态的文献和图表，许多企业都在使用互联网的超链接、搜索引擎、多媒体和交互式等信息披露渠道。当企业提供交互式对话框让用户详细说明其信息需求时，用户甚至可以特别定制财务报告内容或满足特别需求的报告触发器，而通过访问统计和使用网络软件，企业也可以了解并分析利益相关者的信息需求。

网络为会计信息披露提供了全方位的技术支持，使会计信息披露的速度提高和成本下降。但同时完整性、可核性与网络等信息技术安全性的相关度增加，真实度控制难度进一步加大。

（三）会计信息的完整性与信息超载

会计信息的完整性是真实性的考核指标之一。但在实务中由于成本的

---

① Eccles, Robert G./Herz, E, Robert H./Keegan, Mary/Pbillips, David M. H. (2001). *The Value Reporting Revolution* p. 309.

限制往往不能要求面面俱到的完整。现代信息技术的发展使得会计信息的处理能力增强，网络技术使得会计信息披露的渠道畅通，直接成本大大降低，已不再是重要的障碍。

然而，信息数量的增加却伴生了新的问题——信息超载。因为人们收集和鉴别信息也是需要成本的，能吸收的信息数量是有一定限度的，当超过临界点时，特别当噪声混杂其中时，反置决策之人于无所适从之境。

所以上市公司网络信息披露应提供真实的、简明的、重要的数据，使广大投资者能在合理的成本下获取正确的信息。反之如果信息使用者想要查找想要的信息，通过搜索引擎进行查询，结果可能获得几十条，或更多的信息，却不能轻易找到真正需要的完整信息，那网络即使提供额外的、及时的财务信息也显得没有意义。

所以，作为信息供给者的上市公司，在披露完整真实的会计信息同时，可进一步利用数据挖掘、搜索引擎等信息技术为会计信息使用者提供专业化服务。

（四）真实透明度与保密性

上市公司网络会计信息披露要求具有真实透明度，从信息使用者的视角看，会计信息的真实透明度是指证券市场会计信息对上市公司真实价值的反映程度。真实透明度越高，投资者通过会计信息看穿企业行为的程度就越高。

透过会计信息，上市公司的经营活动及其经济后果都是清晰可见、没有遮挡的，由此可以提高投资者的信心，提升上市公司的市场价值。但必须注意的是，上市公司会计信息的使用者并非全部是投资者或者是企业发展的拥护者，竞争对手潜藏其中，信息披露过于透明，会带来潜在的竞争劣势。

二　传统会计信息披露模式的不足

需求主体对某类会计信息大量的、共同的需求会最终导致这类会计信息供给的产生，会计信息的不同需求主体之间的力量对比也影响着会计信息的供给。而政府部门从节约整个社会资源的角度，从相关的法律、法规等会计规范强制要求企业披露需求量大的会计信息，所以在传统的会计信息生产和披露模式中，供求双方博弈的结果是管理部门强制上市公司披露以资产负债表、损益表和现金流量表三表为主体的通用财务报告模式，辅以上市公司自愿披露其他相关信息。

现今的网络环境下，由于会计管制的存在，通用财务报告仍然是主要的披露模式。会计信息的管制方如何根据需求的变化，来调整会计信息供给的质量标准与数量要求是目前会计学界讨论的热点问题。

通用财务报告模式是会计信息供求长期博弈的结果。它以价值法为指导反映货币计量的已经发生了的、具有确定性结果的经济事项。

这种报告模式建立在两个假设之上：其一，假设信息使用者的信息需求和决策模型为已知；其二，假设不同类型的信息使用者的信息需求类似。第一个假设是现行会计核算、汇总的前提，而第二个假设则是以通用财务报告报告上市公司经营状态给所有使用者的依据。

通用会计信息的披露模式与特定的经济技术环境下决策和监督发挥了重要作用，假设几种通用报表能满足不同的目的和不同使用者的分析和决策模型也许是适当会计环境下的最佳选择。

从供给的角度来看，提供统一形式的标准报告比较经济；从需求的角度看，各类使用者得到的信息具有可比性。节省了自己加工汇总信息的各种成本，毕竟证券市场的信息需求存在某些共性，比如不同类型的使用者都极为关注上市公司的会计盈余，而通用报告能在一定程度上满足这些共同需求。

但是，随着技术的进步，现在企业经济环境发生了深刻的变化。生产方式由于网络定制和生产技术的进步由大批量的标准化生产向小批量的个性化生产方向发展；网络的互动性使得企业与消费者的沟通实时便捷，产品和信息需求均易于满足。新经济环境下的消费者不再仅仅是信息被动的接受者，参与性的提高引致会计信息的使用者对上市公司网络会计信息披露坚持的程序理性和公正不满，转而要求为目标服务的结果理性。

经济环境的如此变化，必然导致通用报告模式越来越难以适应市场的需要，其缺陷也日益凸显，其主要表现为以下几个方面：

1. 单一性

现行会计规范要求上市公司只须提供的通用报告，决定了会计信息的供给结构是"窄"型的，在会计信息提供方式上存在单一性。由信息使用者的信息需求为已知的或者可以预先加以确定的假设为前提，必然导致忽略信息需求的复杂性，难以满足使用者多样化的信息需求；此外，当使用者需要对不同类型财务信息进行比较分析时，会发现困难重重；最后单一化信息的决策相关性会大打折扣。

2. 无差异性

不同的信息使用者的信息需求相同或者相似的假设导致通用财务报告模式提供结构无差异的报告。基本忽略不同信息使用者的需求差异，更不会考虑个别使用者的特殊需求。导致使用者转而寻求其他渠道收集各种所谓相关信息，当遭遇噪音或者即使付出成本也得不到相关信息时，可能会招致极大的经济损失。从这个意义上说，现有通用财务报告模式的经济性只是基于上市公司的考虑，从投资者考虑的社会效益却比较低下。

3. 缺乏灵活性

由于信息使用者不同的行为习惯，会计信息系统的输出设计应该具有灵活性。当然灵活性并不是说要为每个信息使用者设计一种报表格式，而是指会计信息系统应含有许多可选择的数据处理输出功能，或者允许使用者自己设计各自的信息输出，但遗憾的是通用财务报告不具有灵活性的功能。

4. 滞后性

按照会计分期的假设，企业财务报告定期编制，因此具有滞后性，既不利于公司的管理当局及时发现问题、根据经营进程及时采取相应的对策，也不利于使用者及时了解企业信息，进行适当投资选择。

5. 高度综合性

现有的财务报告是对发生的经济活动核算、汇总之后再高度综合的结果。证券市场收获这样的会计信息后是难于还原成经济事项的细节和其构成部分的，也即是说，信息综合过程中，大量信息被合法的遗失，使用者即便想了解某些细节，也是不可能的。此外，报告的阅读者看到的是经过加工处理综合的信息，生产过程被屏蔽，从而为会计信息的供给者隐瞒不利信息，粉饰企业困境提供了空间。

三　网络环境下会计信息需求的变化

在会计信息披露的历史演进过程中，还表现出对于信息披露需求的路径依赖特征，即会计的发展与经济发展及商业需求密切相关，因为有了新的会计信息需求而使会计信息披露的内容与形式渐进式的发展。信息与网络技术的发展使得实时处理和披露信息成为可能，其结果或许导致用户不再满足于季度收入报告转而要求按需报告。网上信息获取容易诱导消费者索取会计假设、会计方法的效用、多维财产信息以及无形资产和价值驱动因素等越来越多的信息①。人们膨胀的信息需求欲望导致了这样一个问题：企业究竟应披露多少附加信息？

会计信息具有一定的经济后果性（Zeff，1978），作为理性的经济人，上市公司的利益相关者都关注会计信息。利益相关者期望能获得相关、可靠的对决策有用的会计信息，来实现自身效用的最大化。即在这种动机的驱使下产生了对会计信息的需求，利益相关者也就成为会计信息的需求主体。各需求主体需要会计信息是受其特定的目标驱使的。其中投资者的信息需求最为广泛并且最具有代表性，当然投资者的信息需求会因个人的偏好、信念和掌握的信息不同而有所区别。总体来看，网络环境下的会计信息需求者并无大的变化，只是由于网络跨越时空的特点，使得会计信息的使用者和使用范围等大幅度增大。呈现出以下几个特点：

（一）需求主体的多元化

随着所有权和经营权的分离，股份制的发展壮大，会计信息的需求主体越来越呈现出多元化的格局。不仅作为企业现有资金提供者的投资者、债权人需要会计信息，一些潜在投资者、债权人也需要会计信息；不仅是企业内部的管理当局，政府作为社会事务的管理者也需要会计信息；不仅是企业的雇员、供应商、客户需要会计信息，社会公众也需要企业的会计信息，会计信息的需求主体既可能是法人、机构组织，也可能是自然人；既可能是境内的法人或自然人，也可能是境外的法人或自然人。会计信息需求主体的多元化、复杂化是市场经济，是资本市场发展的必然结果；而且随着资本市场的进一步深入发展，会计信息需求主体的广度和数量都会不断增加。

（二）信息需求内容的多样化

多元化的会计信息需求主体必然导致多样化的信息需求，因为会计信息使用者的立场、利益各不相同，对信息有不同的偏好。如有人需要前瞻性信息和背景信息，而有的人却不感兴趣。特别在"决策有用观"下，

---

① Wallman, Steven M. H.（1996），The Future of Accounting and Financial Reporting, Part 11: The Colorized Approach. *Accounting Horizons*, Vol. 10: 138 – 148.

由于每一个会计信息使用者都有自己特定的决策问题，所以即使同是投资者，由于其投资规模、风险偏好不同，他们的信息需求也不可能是完全一致的，也都有各自特殊的信息需求。这些不同的"偏好"使得会计信息的提供者甚感众口难调。

（三）需求的基本目的一致化

网络环境下，尽管会计信息的需求主体多元化，需求信息的类型多样化，但是，他们需要会计信息最基本的目的却是一致的，即信息对其决策有用。这也是网络财务会计的目标所在——为信息使用者提供决策有用的会计信息。

笔者认为，在网络环境下，会计信息的标签产品属性不变。它的使用价值隐射企业的价值。所以对上市公司各利益相关者而言，会计信息具有直接影响各利益集团的利益分配的"经济后果"。这种"经济后果"的存在，导致地方政府、上市公司管理层、董事会、债权人、股东甚至会计人员自身都可能出于不同的利益考虑，产生对虚假会计信息的需求，也就是说在某些情况下虚假会计信息符合某些相关者的需求利益，而网络的快速传播加大了这些虚假信息的影响力。

（四）信息需求量的递增性

尽管会计信息使用者对信息的偏好不同，但是，网络会计信息披露直接成本的下降导致更多的信息需求和更高的披露均衡，导致信息需求呈现出一种递增的趋势。需求者要求企业提供的信息已不仅仅局限于财务会计信息，而是要求企业提供诸如市场占有率、客户满意程度、员工情况、投入产出、革新情况等非财务信息，以更好地理解和运用会计信息；要求企业在财务报告中划分核心业务和非核心业务，以便更清楚地了解企业的发展趋势以及机会和风险；在财务报告附注中揭示不确定性的资产和负债项目，等等。

网络的飞速发展使得会计信息的使用者进一步要求充分披露与企业生产经营有关的信息，且似乎是越多越好，但是最终能获得的会计信息却由供给和管制决定。

四　网络信息披露新模式理论探讨

网络环境下，对于利益相关者众多且差异巨大的会计信息需求，其决定权取决于供给。相比于会计信息的需求主体，会计信息的供给主体较为简单，即上市公司的管理当局。企业管理当局所以提供会计信息于内受到绩效管理和解除受托责任的驱动；于外受到使用者、政府、资本市场的压力。

但是上市公司作为会计信息唯一的供给者，披露信息的内容和模式，除成本制约外，还受到会计理论及管制等因素的制约。

会计信息供给无疑将受到会计理论的影响和限制。而会计理论的发展取决于会计所处的客观环境，其中主要受到需求和技术的驱动。一旦环境变迁，人们对反映和监督的经济活动就会提出新的更高的要求，会计理论就会偏离现实，依此而建立的会计核算体系就会扭曲而起不到正确反映实际经济情况的作用。网络环境下的，虚拟企业与网络公司的出现；网络经济环境复杂、竞争激烈、风险加大；联机实时报告技术的出现对传统的会计基本理论提出了严峻挑战。

网络会计信息披露的"经济后果"有可能是好的也有可能是不好的，这与会计信息包含的上市公司价值含量相关。某些"坏消息"会造成上市公司市场价值的下降，主动披露这类会计信息显然不是管理层的理性选择。但在证券市场，上市公司管理层以外的利益相关者都需要通过会计信息了解公司经营状况，但这种需求与管理当局的目标产生矛盾时，相关政府机构会制定统一的标准和数量强制上市公司披露相关会计信息。

网络技术不仅给证券市场会计信息披露带来了技术革命，而且改变了需求者对会计信息的预期，更深远的意义在于正在引起会计制度安排的重大变化。近年来，我国许多学者对网络信息披露的新模式进行了研究，提出了"会计频道"[①]、"按需报告"[②]、"多层界面报告"[③]、"互动式报告"[④]、"需求决定模式"[⑤]等会计信息披露新思想。

---

①　薛云奎：《网络时代的财务与会计：管理集成与会计频道》，《会计研究》1999 年第 11 期。

②　肖泽忠：《大规模按需报告的公司财务报告模式》，《会计研究》2004 年第 1 期。

③　张天西等：《信息技术环境下的财务报告及信息披露研究》，《会计研究》2003 年第 3 期。

④　徐国君：《试论互动式会计信息披露模式》，《中国海洋大学学报》（社会科学版）2000 年第 4 期。

⑤　李瑞生：《论网络环境下的会计报告模式》，《会计研究》2004 年第 1 期。

　　当然，这些模式的提出更多的是一种思想或理论框架。目前，基于网络的会计系统的构建还处于探索和发展阶段，网络会计理论体系尚未建立健全，传统会计理论和方法出现很多局限性，特别是基于传统会计理论的会计目标、会计基本前提、会计要素、会计原则、程序和处理方法、会计报告和会计循环等成为影响会计信息网络披露真实度的重要因素，传统会计理论以及建立在其基础之上的会计制度和会计规范不适用于网络实际，如按照规定，上市公司应当在每个会计年度结束之日起四个月内将年度报告刊登在中国证监会指定的网站上，对于广大信息使用者来说，四个月的滞后时间将大大降低信息的使用价值。

　　所以，在网络经济环境下，以什么思想作为上市公司信息披露的理论基础，仍是众多学者苦苦探索的问题。

第五节　本章小结

　　本章分析了上市公司网络会计信息披露真实度的几个基本问题，主要从以下几个方面进行了讨论：

　　（1）界定了会计信息披露、网络会计信息披露、网络会计信息披露真实度等概念。

　　（2）分析了会计信息真实性在会计信息质量特征中的地位；从历史的真实与现实的真实，客观的真实与主观的真实的视角分析了会计信息真实性的辩证关系。

　　（3）分析了会计信息的内生价值及外在价值，探讨了当出现网络信息虚假披露时的价值偏离问题。

　　（4）从网络会计信息披露的技术特性入手，讨论了传统通用财务报告的不足之处及需求的变化，探讨了网络会计信息披露的新模式及理论。

第三章　网络会计信息虚假披露成因分析

网络会计信息披露真实性与网络会计信息虚假披露是一个问题的正反两个方面。有效市场理论将上市公司披露的信息作为其市场价值的决定因素[1][2]。它由私人生产却又由监管部门强制披露，故而有内外之别。上市公司信息生产与披露环节的分离可能导致委托代理双方的信息不对称，从这个意义上我们可以称上市公司对外披露的信息为信号，这些信号可能等于也可能不等于其生产的信息。当生产的信息等于披露的信号时，我们称信息披露是真实的，反之为虚假信息披露或信息虚假披露。不论虚假信息披露的动机如何，它对投资者和证券市场的危害绝不容小觑。

第一节　网络会计信息披露真实度实证考察

证券市场缺乏有效性的主要原因在其"如实披露"假设与现实证券市场信息不对称情况的反差。证券市场的会计信息由私人生产却又由监管部门强制披露，信息在由私人生产的过程中由于"规则"或"技术"的原因可能失真，但更多时候是上市公司为影响投资者的价值判断而在披露时的"违规性"失真。这些有意无意的虚假信息是证券市场噪声的重要来源。不过，正是信息中"噪声"的存在，才使得资本市场上对信息的

① Samuelson, P., Proof That Properly Anticipated Prices Fluctuate Randamly [J]. *Industral Managament Review*, 1965: 41-49.

② Mandelbrot, B., Forecasts of Future Prices, Unbiased Markets and Martingle Models [J]. *Journal of Business*, 1966 (Special Supplanent January), 39: 242-255.

识别和对"噪声"的过滤显得更为重要，对信息质量特别是真实度的评价亟待完善。

　　尽管部分实证研究的结果也证实了经理自愿披露会计信息的可靠性①。但更多的学者和实证研究表明证券市场的会计信息是有"噪声"的。上市公司生产的会计信息与披露的会计信息并不完全一致。现实中，既有安然、银广厦的直接造假事件，也有在允许的范围内修饰会计信息的事件存在，更有五粮液事件②的选择性会计信息披露问题。实证研究发现，当上市公司有权决定信息披露或不披露时，他们往往是有选择地进行披露。或者尽量推迟"不利信息"的披露③。

一　网络会计信息虚假披露现状统计

　　证券市场的会计信息虚假披露主要是指上市公司对外披露的会计信息未能真实地反映客观的经济活动，从而给证券投资者的决策带来不利影响的一种现象。其中缘由既有会计制度和披露规则自身的原因，更有可能是上市公司故意违规。在我国后者可能是主要类型，故意违规指上市公司有意违反证券法律法规的规定，在证券发行或者交易过程中，对重大事件做出违背事实真相的虚假记载、误导性陈述，或者在披露信息时发生重大遗漏、不正当披露信息的行为。它的存在由来已久且危害重大。

　　关于上市公司会计信息虚假披露的程度和规模，目前尚缺乏准确的数据和统计资料。这里，笔者首先借助于专门机构有关上市公司信任程度的研究结果，来形成对这个问题的初步认识。

　　2001 年 1 月，普华永道（Price Waterhouse & Coopers）发布了一份信息披露"不透明指数"调查报告中，从腐败、法律、财经政策、会计准则与实务、政府管制五个方面对 35 个国家（地区）的"不透明指数"进行评分和排序，中国被列为透明度最低的国家，其中的"会计不透明指

---

　　①　M. C. Penno, Information Quality and Voluntary Disclosure. *The Accounting Review*, 1997 (72): 275 - 284.

　　②　2009 年 9 月 30 日，五粮液公司回应了中国证监会的初步调查结论，声称其 2007 年度报告收入数据差错未及时更正。

　　③　J. C. Dyer, A. J. McHugh, The Timeliness of the Australian Annual Report. *Journal of Acounting Researh*, 1975 (13): 204 -219.

数"一项仅优于南非①。2004 年 10 月，Kurtzman 公司发布的"2004 年不透明指数"调查报告中，同样从以上五个方面考察了 48 个国家（地区）的透明度状况，调查显示中国总的透明度位于被调查国家排名的倒数第五，与其他国家相比有明显的差距②。

2004 年 7 月，中国经济观察研究院发布了由其编制的 2004 年上市公司信任度排行表。这里的公司信任度是指信息使用者对于上市公司代理方及其披露信息的信任程度。其标准借鉴了国内外公认的准则，从合法性、公允性、一致性和对称性四方面，采用共计 54 个具体标准对 2003 年 1259家境内上市公司的法定披露信息进行评价。在这一上市公司信任度的排行表上，上市公司的加权信任度指数为 35.6，其中排名第一的太工天成只得到了满分 100 分中的 51.85 分，排名最后的四通高科得分还不到 10分③。2005 年则采取 100 家具有产业代表性的规模较大的上市公司为样本进行了研究。结果显示，2005 年上市公司信任度指数为 37.7，排名第一的大商股份得分仍然只有 51.85 分④。

为便于分析论证，笔者将中国证券监督管理委员会官方网站上的历年（2002—2008）行政处罚决定书的数据进行统计汇总，结果如表 3 - 1所示。

表 3 - 1　　　　　　　证监会 2003—2008 年行政处罚统计汇总

	2003 年	2004 年	2005 年	2006 年	2007 年	2008 年
处罚数	35	49	46	39	29	42
占上市公司比例（%）	2.7195	3.5585	3.3309	2.7504	1.8930	3.0625

资料来源：http：//www.csrc.gov.cn/pub/zjhpublic/index.htm？channel = 3300/3313。

可见，我国上市公司违法违规事件不断发生，其中不乏因信息披露不透明而导致投资者利益严重受损的案例。

---

① Price Water House Coo Pers, The Opacity Index, Anuary 2001, Downloaded from http：//www.Pwcglobal.com.

② Joel Kurtzman, Glenn Yago, Tri Phon Phumiwasana, he Opacity Index. *Research Overview*, October 2004.

③ 清议：《2004 年国内上市公司信任度指数》，《经济观察报》2004 年 7 月 21 日。

④ 清议：《2005 年国内上市公司信任度指数》，《北京统计》2005 年第 5 期。

二　网络会计信息披露真实度之投资者满意度调查

为进一步了解公众投资者对网络会计信息披露真实度评价,笔者调查了 2010 年深市上市公司自建网站情况,结果表明,有 6.76% 的上市公司未建立网站;19.2% 的上市公司虽有网址却无法进入;能正常进入的自建网站达到 74.04% ,可以作为考察对象之一。同时设计了《中国公众投资者对上市公司网络披露信息使用情况的调查问卷》,于 2009 年 3 月分别在相关学者、硕士博士研究生、证券公司随机访问的投资者中进行调查,共发放问卷 500 份,回收 485 份,剔除 7 份填列不完整、6 份可能存在随意填列的问卷,最终得到有效问卷 472 份,回收率达到 97.3% 。笔者对问卷调查进行统计的结果如表 3 - 2 所示。

表 3 - 2 　　　　　　中国公众投资者对上市公司网络披露

会计信息使用情况调查统计　　　　　单位:%

调查项目	投票内容			
信息获取途径	报纸	证监会指定网站	上市公司自建网站	新闻媒介、财务分析师
得票率	20.46	55.82	10.67	13.05
了解与使用 XBRL 程度	很好用	了解,但不好用	了解,但很少用	几乎不了解
得票率	1.32	5.64	7.89	85.15
选择信息的首要因素	是否真实	是否相关	是否可比	其他特征
得票率	44.86	29.61	11.26	14.27
对信息真实度的评价	完全真实	较好	一般,有差距	无法相信
得票率	4.11	44.03	46.5	5.36
看重的信息类型	财务	非财务	历史	未来
得票率	67.83	32.17	40.21	59.79
需要比较数据的年限	不需要	3 年	5 年	5 年以上
得票率	3.12	49.56	39.22	8.10
获取信息的目的	获取短期利差	半年至 1 年投资	1 年—3 年投资	3 年以上长期投资
得票率	58.65	21.46	13.77	6.12

注:问卷中“看重的信息类型”项目下“财务与非财务”、“历史与未来”是两个单独的 0—1 选项。

从表 3 - 2 的调查可以看到 66.49% 的投资者通过证监会指定网站或上市公司自主网站获得信息，可见网络媒体的作用已超过传统媒体；尽管投资者最为关注网络披露信息特别是会计信息及 3—5 年的可比信息的真实性，但是只有 4.11% 的投资者对于中国目前的上市公司信息披露的总体评价为很好，可见信息真实可靠在我国证券市场无可比拟的重要地位及我国上市公司信用程度不高的事实。网络会计信息披露真实度程度不高导致有 58.65% 的投资者获取信息是为了分析短期股价变动趋势以便获取价差，而只有 6.12% 的投资者为了分析企业长期发展前景以便获得未来分红。

网络信息披露真实度为投资者高度重视但评价却不高，本书下面将重点从理论和实证两方面对其原因进行分析。

网络信息披露真实度不高的原因或许有很多，但笔者认为证券市场网络信息披露乃是上市公司成本效用的权衡、经营路径的依赖以及与监管和投资者博弈均衡的结果。

第二节　网络会计信息披露的成本效益剖析

信息披露的成本是网络信息披露真实度的约束条件。因特网的最重要的特点是低成本的信息共享，但是会计信息不同于一般信息的内生及外在价值导致的直接成本和间接成本的划分，却使网络信息披露成本问题变得复杂起来。

一　网络会计信息披露的直接成本

信息披露成本包括上市公司因对外披露信息而发生的一切支出项目以及由于某一披露行为可能带来的损失。上市公司信息披露成本可划分为信息的生产与发布成本、资本成本、竞争劣势成本、行为约束成本、诉讼成本和政治成本等①。这里将信息生产与发布成本归于直接成本，其余为间

---

① Robert K. Elliott and Peter D. Jacobson, Costs and Benefits of Business Information Disclosure [J]. *Accounting Horizons*, 1994 (4): 80 - 96.

接成本。

第三章第四节讨论了网络技术降低了上市公司信息收集、处理特别是发布的成本，通过网络，上市公司信息易于访问，更多信息使用者受益，实现了所谓资本市场的民主化。按需报告也不再是遥不可及的梦想。

从经济意义看，尽管互联网并未影响企业追求利润最大化的目标，但它却会极大地影响最大化的约束条件，传统的成本—效益权衡法仍然可用于管理信息处理，只是约束环境放大到网络。上市公司使用新技术是基于较高的成本—效益回报率考虑。如果没有强制或者补偿刺激，上市公司只适当地扩展其信息处理能力应该是合乎理性的选择。换句话说，互联网虽然开创了新的信息披露渠道，但成本—效益的权衡仍然左右着上市公司是否采用它。

尽管网络新技术（如 XBRL）有能力降低信息披露的直接成本，但考虑到目前传统的纸质信息披露方式与网络信息披露并存的现状，真实的成本浪费是惊人的。为降低费用，期望网络信息披露能替代纸质财务报告，当然这需要信息供求双方还有监管部门的共同努力。

降低信息披露成本的问题已引起许多管理部门的关注。管理部门正出台许多相应措施。比如在英国，如果公司股东赞成，法定财务报告可以全部采用电子格式并且可以只在有请求时（by request only）才传递纸质信息。美国的公平信息披露原则（Fair Disclosure）也推崇以更多的网络披露代替传统印刷材料，因为同一时期内网络信息可为所有感兴趣的用户共享。美国 SEC 要求企业将其电子文档输入其 EDGAR 系统，并可为互联网公众所用。奥地利允许注册基于 XML 的财务报表文件，其他欧洲国家，包括德国和英国，正在讨论企业的法定信息披露采用电子财务报告的法规。欧盟公司法专家高级组织（High Level Group of Company Law Experts）在其 2002 年年度的报告中指出，欧盟应积极主动地推进财务报告电子化的进程，并且应要求上市公司在其网站上保留财务信息披露区域[①]。诸如此类积极地网络信息披露将极大地提高会计信息的可访问程度并最终使消费者受益。

---

① High Level Group of Gompany Law Experts (2002), Report on Modern Regulatory Framework for Company Law in Europe. Brussels, November: 37 – 41.

　　信息与网络技术的发展使得实时处理信息和披露信息成为可能，其结果或许导致用户不再满足于季度收入报告转而要求按需报告。网上信息获取容易诱导消费者索取会计假设、会计方法的效用、多维财产信息以及无形资产和价值驱动因素等越来越多的非财务信息①。人们膨胀的信息需求欲望导致了这样一个问题：企业究竟应披露多少附加信息？

　　尽管披露更多信息的技术瓶颈已被打破，但是网络信息披露模式的变化需要考虑会计信息披露需求以及由成本—效益限制的供给，还需要相关会计理论与信息披露制度的支持。考虑到上市公司会计信息的外在价值的实现引发的信息披露间接成本，我们不能仅仅用简单的直接成本—效益法来计算上市公司的成本问题。

二　网络会计信息披露的间接成本

　　简单的直接成本—效益权衡并不能完全解决上市公司和消费者之间的潜在交互问题。事实上，上市公司信息披露是一个复杂的成本—效益平衡问题，信息的正反两方面作用以及消费者对信息成本改变的重大反应之间的平衡是上市公司应该考虑的关键问题。披露更多的信息意味着增加审计和复查成本；竞争对手和其他团体恶意的利用这些信息可能使企业陷入困境；此外，附加信息披露引起的法律纠纷成本，在一个爱好诉讼的环境中也绝不容小觑。如果企业被强制使用新技术并改革披露方式，还必须健全网络信息披露的安全制度②。事实上，上市公司不愿过多披露信息常常是基于信息披露间接成本的考虑。

三　网络会计信息披露成本—价值均衡

　　这里，我们仍然引用有效市场理论信息与市场价值相关的观点，在一个拥有理性预期的有效市场，即在一个投资者能识别企业拥有的信息并对企业以某种方式披露（不披露）信息做出正确反映的市场里，当企业期望拥有较高的股票价格，而较高的股价源自资本市场拥有的相关且可核对

---

　　①　Wallman, Steven M. H. (1996), The Future of Accounting and Financial Reporting, Part 11: The Colorized Approach. *Accounting Horizons*, Vol. 10: 138－148.

　　②　Garten Task Force (2001), Strengthening Financial Markets: Do Investors Have the Information They Need? Report of an SEC－Inspired Task Force, May.

的信息时，唯一的均衡就是企业披露全部信息①。

　　但是，一般来说，我们讨论的资本市场是不完全理性的，信息处理与传播是有成本的，信息披露不完全、不充分是一种常态。在成本—效益的约束条件下，企业不必对外披露所有信息，当可以选择时，上市公司必然会尽量选择对其有利的相关信息披露。

　　图 3-1 表示信息披露价值均衡。假设一个上市公司拥有的信息总量为 F_0，若它是一个高质量的上市公司，则其供给曲线是向上倾斜的，对外披露的信息（好消息）越多，股价越高，上市公司的市场价值也就越高；相反，若是一个低质量的上市公司的供给曲线则向下倾斜的，对外披露的信息（坏消息）越多，股价越低，上市公司的市场价值也就越低。在 A 时刻，由于直接和间接成本的限制其信息披露水平为 F_A，价值均衡点在 A 点，股价为 P_A，在 B 时刻，如采用新网络技术导致信息披露直接成本降低，信息披露水平变动为 F_B（$F_B > F_A$），此时有更多的公司有能力披露更多的信息，但比较新的均衡价格 P_{B1}、P_{B2} 可看出，信息披露成本

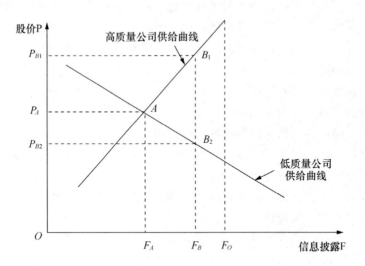

图 3-1　不同信息披露成本下的价值均衡

①　Milgrom, Paul R. (1981), Good News and Bad News: Representation Theorems and Applications. *Bell Journal of Economics*, Vol. 12: 380-391.

降低并非对所有的企业都有利，只有"好消息"多的企业才能从信息披露成本降低中获利。而对低质量的上市公司而言，事实上可能只是披露了更多不利信息，导致其市场价值的下降。

所以，从本质上看，披露成本的降低导致上市公司在证券市场披露更多信息的同时其市场平均价格却有可能降低。上市公司和投资者并未能从信息披露水平提高中获利。

此外，网络信息披露直接成本的下降导致更多的信息需求和更高的披露均衡。即使用户不了解上市公司披露的成本情况，但在与其竞争公司的比较中，如果发现其竞争公司因成本下降有更多的信息披露，也会产生需求期望的变动的。类似的情况还有，上市公司对信息成本降低的效用的预计并不清楚，但较低的成本刺激着更多的公司去收集信息，当这种行动被未得到披露信息的用户预期时，均衡价格被向下修正，诱使更多的企业披露其信息。那些拥有不利信息或在均衡中成本较高的企业发现它们要么以低成本披露信息，否则，均衡价格将继续下降，他们会因较低的信息采集成本而付出代价。可见，较多信息披露通常会增加企业在资本市场的信息量，但信息量的增加并非永远符合成本—效益原则，它依赖于市场参与者对企业披露更多信息的潜在反应。

第三节　网络会计信息虚假披露的路径依赖

路径依赖，指的是事物的演进中存在着一种自我强化的机制，这种机制使事物的演进一旦走上某一条路径，就会在以后的发展中得到自我强化。在会计信息披露的历史演进过程中，除表现出对于信息披露的技术的路径依赖（见第二章第四节）和对于信息披露需求的路径依赖特征外（见第二章第四节），还表现为上市公司虚假信息披露与其经营的路径依赖关系。

从监管的角度看，各国对披露虚假信息的上市公司的处罚不谓不严厉，且一旦被发现并公之于众招致投资者的抛弃而导致上市公司市场价值大幅下滑的后果也不谓不严重，但仍然有不少上市公司乐此不疲，其原因从制度经济学的视角，将上市公司虚假信息披露与其经营路径依赖联系起来可能得到更合理的解释①。

　　上市公司经营是否成功的影响因素众多，最重要的是外部经济环境、经营理念和内部管理水平。企业的经营理念是为推动企业正常运营及其持续发展而构建的价值体系，是判断经营状况所要依据的准则，是企业员工融为一体的共识意念。经营理念对外是企业特质的核心；对内是企业员工的信仰；经营理念属于制度范畴，是一种非正式规则的心理契约。

　　经营理念是联系企业内外部的纽带，适应外部经济环境的经营理念有助于组织更好的经营，与其相悖的经营理念则会对组织的发展产生障碍。

　　理论上讲，管理中没有亘古不变的理念，当外部经济环境发生变化时经营理念必须及时转变。但企业经营理念转变的过程却受到路径依赖的制约，特别当一个领导人一直领导某个企业，他的经营理念会存在沿着以前的传统经营理念继续发展的"惯性"，而难以转变。

　　上市公司在经营理念的指导下开始经营，其初始经营②的效果却可能不同。当上市公司的经营沿初始既定的路径演进，获取让投资者满意的利润，就步入了良性循环轨道。此时，对内经营理念得到广大员工的认可，对外则易得到各利益相关者的支持，获得更多投资，发展壮大，从成功走向更加成功。

　　由于路径依赖的机制发挥作用，初始经营成功的上市公司走在成功的路径上，其经营理念被不断强化、成功被不断肯定，如果此时向市场传递虚假信息，却要面对被发现和查处的风险，显然是得不偿失的。如图 3 - 2 所示，经营成功的上市公司因为"好消息"多，这些"好消息"传递到市场使其获得发展的资金和动力。所以，相比经营失败的企业不愿意信息造假。

　　初始经营的另一种结局就是失败。如果经营理念存在误区，而企业的经营沿着错误路径不断下滑，不能获取让投资者满意的利润，甚至发生亏

---

　　① 王辉：《路径依赖与信号传递：上市公司信息造假的制度经济学视角》，《经济问题》2005 年第 12 期。

　　② 这里所提及的初始经营指采用了与某经营理念相适应的某经营过程开端，这段经营过程可能是企业开业之初，也可能是由于"意外事件"的发生而导致经营理念发生转变之后。

损，如果上市公司向市场传递这样的"坏消息"，势必会招致利益相关者从经营理念到管理水平的广泛质疑，困境中的公司难以得到资金支持进一步陷入险境，管理层的利益和声誉下降。在"马太效应"作用下，步入了恶性循环轨道，不断萎缩，越来越失败，直至被淘汰出局。

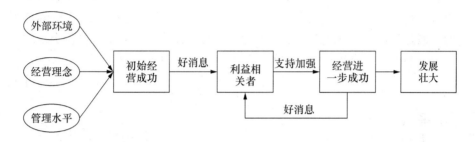

图 3 - 2　经营成功上市公司的路径

证券市场初始经营失败的上市公司和一般陷入困境的企业一样需要调整经营理念，转变经营方式。但在公开市场有更多的信息披露要求，利益相关者依据公开信息进行决策，导致上市公司面临真实披露信息或者披露虚假信息的两难选择。

第一种选择如图 3 - 3 所示，如实披露经营失败的信息，后果便是引致投资者抛股、债权人追债、好员工跳槽等雪上加霜的事件发生。尽管这些行为是相关利益主体理性选择的结果，本也无可非议，但于上市公司管理层而言却必须忍受失去其利益和声誉等无法承受之痛。

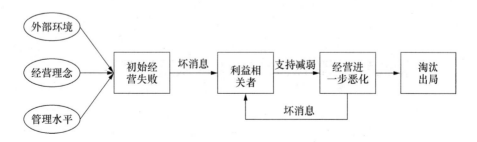

图 3 - 3　经营失败上市公司的路径

另一种选择如图 3-4 所示，管理层披露虚假信息，造假自然要承担被发现并被惩处的风险，但这是一个概率事件并不意味着会百分之百发生，并且还与惩罚的力度相关，只要被处罚的总量低于被淘汰出局的代价，经营不善的管理层就有动机选择披露虚假信息。因为只有如此，企业才有机会调整经营理念、转变经营方向、调整管理模式、获得好感、赢得资源，转败为胜，再一次走向成功路径。而当企业达到相当规模后，以前的造假行为即使曝光，影响也相对减弱，处罚难度成本相对下降，由于大企业与利益相关者纵横交错的网状关系，处罚难度却上升了。

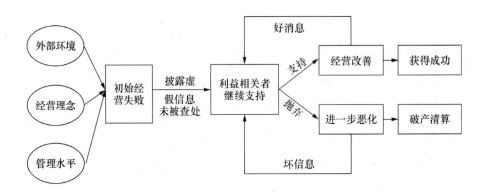

图 3-4　经营失败的上市公司期望用虚假信息改变发展路径

综上所述，从经营路径依赖的视角看，经营失败的上市公司如果真实地提供信息，将陷入绝境；反之提供虚假信息，只要不被马上查处或者处罚力度不够，则有可能赢得转败为胜的机会。

第四节　网络会计信息虚假披露的博弈分析

当上市公司遭遇困境时，最终决定是否进行虚假信息披露取决于两个因素：能够进行虚假披露的机会和虚假信息披露的预期成本。其中，上市公司虚假信息披露成功的概率取决于虚假信息披露的机会和事后受查处的概率，而预期的成本包括虚假信息披露的市场成本（声誉损失）与预期其非市场成本（监管部门的查处）两个部分，当这两个部分不足以抵消虚假信息披露带来的利益时，上市公司有动机实行虚假信息披露。

一　博弈模型的构建

假设上市公司知道其在某一时点 t 的价值的真实值 V 及在 $t+1$ 时刻的价值增量 ΔV，并向市场披露一个关于公司价值的信息 A，A 为随机变量且 $A \sim (0, 1)$，

并有 $p(A) = \begin{cases} 1-\xi & A = V \\ \xi & A = V + D \quad D > \Delta V \end{cases}$

设随机变量 B 为管理部门的查处行动，$B \sim (0, 1)$

且有 $p(B) = \begin{cases} 1-\sigma & B = 0 \quad 不查处 \\ \sigma & B = 1 \quad 查处 \end{cases}$

披露虚假信息被监管部门查处后的处罚（非市场成本）为 C。

由于投资者不再完全相信收到的信息是全部真实的，所以会根据对上市公司披露行为的预期和报告的内容，以及是否受到监管部门的查处，依据自己的信念对上市公司的价值进行判断，从而确定自己的投资行为。

进一步假设博弈双方均为风险中立。

二　均衡分析

在一次博弈过程中，如果管理层进行了虚假披露而被监管部门查处，则公司的价格为 $V-C$。如果监管部门未能查处到虚假报告，由于一般投资者无法区分到底是管理层未能作出虚假报告还是虚假报告未能被查处，因而无法分辩报告是否真实，其合理预期为：监管部门未能查到虚假报告的概率为 $1-\xi+\xi(1-\sigma)$，其中 $1-\xi$ 为如实披露的概率，这时公司的真正价值为管理层披露的 $A = V$；$\xi(1-\sigma)$ 为上市公司进行了虚假披露而未被查到的概率，这时公司的真正价值为 $A-D$。因此，在这种情况下，一般投资者的最高竞价应该在 $A-D$ 和 A 之间。

假定决定证券价格的全部股份为 1，当上市公司披露了 $A = V$ 时，公司的价值被一般投资者低估，上市公司拥有了固定比例为 m 的公司股份，投资者购入剩余的 $1-m$ 股份；而当披露的信号为 $A = V + D$ 时，投资者高估上市公司的价值，并且由于不知情而购入所有的股份。

这样，当监管部门未查处到虚假披露时，一般投资者平均购入的股份

比例为：$(1-\xi)\cdot(1-m)+\xi(1-\sigma)$

而购入股份预期的总价值为：$(1-\xi)(1-m)A+\xi(1-\sigma)(A-D)$

由于假设投资者风险中立，投资者愿意出的竞价或公司的市场价格为：

$$P^{*}=\frac{(1-\xi)(1-m)A+\xi(1-\sigma)(A-D)(1-\xi)(1-m)+\xi(1-\sigma)}{(1-\xi)(1-m)+\xi(1-\sigma)}$$

令　$\kappa=\dfrac{(1-\xi)(1-m)}{(1-\xi)(1-m)+\xi(1-\sigma)}$　则 $P^{*}=A-D(1-\kappa)$

上市公司预期监管部门未查处虚假信息披露时，公司的市场价格为：

$$E(P^{*}/B=0)=\frac{(1-\xi)}{1-\xi\sigma}[V-D(1-\kappa)]+\frac{\xi(1-\sigma)}{1-\xi\sigma}[(V+D)-D(1-\kappa)]$$

$$=V-\frac{(1-\xi)}{1-\xi\sigma}(1-\kappa)mD$$

上市公司预期监管部门查处虚假信息披露时，并会受到处罚 C 时，公司的市场价格为：$E(P^{*}\mid B=1)=V-C$

故，有的公司市场一般预期价格为：

$$E(P^{*})=(V-C)\xi\sigma+[V-\frac{(1-\xi)}{1-\xi\sigma}(1-\kappa)mD](1-\xi\sigma)$$

$$=V-\xi\sigma C-(1-\xi)(1-\kappa)mD$$

上市公司披露虚假信息的预期收益为 ξD，所以它选择如实披露均衡的条件为：$\xi D<\xi\sigma C+(1-\xi)(1-\kappa)mD$

从这个均衡条件来看，上市公司是否披露虚假信息取决于两个方面：一是非市场成本 $\xi\sigma C$，即被监管部门查处的概率及处罚力度；二是市场成本 $(1-\xi)(1-\kappa)mD$，即如果大量投资者"用脚投票"，其拥有的上市公司市场份额 m 大大减少，必然导致公司价值大幅度下滑。

可见，之所以存在上市公司及其经营者、中介机构屡屡披露虚假信息，正是作为理性经济人的造假者，当企业经营遭遇困境，并且造假的违规成本和违规收益严重不对称时，其侥幸心态占据上风的结果。在发达国家，严格的市场信用制度将使那些弄虚作假者付出最惨重的代价，并令其一蹶不振。而我国资本市场发展非常之快，监管力量相对不足，而且在"上有政策下有对策"的社会环境条件下，违规者的行为较为隐蔽，监管和查处的支出成本很高。为了降低成本，提高效率，就必须用加重处罚来治理和完善市场秩序。但是，从现实监管和处罚结果来看，虽然很多案件得到了清查，但迟迟没有受到处罚或处罚较轻。特别是对于上市公司在资本市场的投资违规行为，对公司的处罚又转嫁到了股东和广大投资者的头上，对具体实施违规行为的董事和经理人员处罚很轻，甚至免于处罚。投资者无辜承担处罚损失，有失公平。这可能是监管者对违规上市公司处罚较轻的原因之一，但也是资本市场违规投资行为太多的原因之一。因此，建立有效的投资行为监管制度安排既必要又迫切。除了健全相关法律、严格执法，加强舆论监督，健全行业管理制度，重塑上市公司、中介机构的公信力，必须采取措施增大其违规成本，将其违规收益减小到最小程度。

上市公司代理人作为理性的经济人，披露虚假信息的目的在于诱导投资者对公司价值作出错误的判断，使公司市场价值高于其真正价值，自己从中获利。正如在有效市场上市公司能够获得声誉租金一样，在信息不完全的市场中由于逆向选择会导致高价值的公司的声誉损失。如果投资者预期上市公司有较大的虚假信息披露成功机会，意味着处于信息优势的内幕交易者从中获利的机会也越大，同时其他交易者面临的损失也较大，导致投资者对上市公司披露的信息也有较大的逆向猜测。故投资者对上市公司管理当局虚假信息披露成功可能性的预期是影响其声誉损失成本的重要相关因素。事实上，投资者有了充分的知情权，不仅能保护自身利益不受侵害，而且最终会影响证券市场和谐有效的运行。

本章从理论上探讨网络会计信息虚假披露的动因，从来源看，又可分为外部与内部的两方面。外部原因主要在于监管者和投资者，对于广大中小投资者来说，自己识别虚假信息的能力较弱，需要监管部门加大执法力度，所以笔者认为外部规制是网络会计信息披露真实度的主要外部影响因素；而内部原因则主要在于上市公司的经营状况和对于成本的考虑，而一个企业经营的好坏与成本的高低与其治理结构和治理能力直接相关，所以笔者认为公司治理是网络会计信息披露的主要内部影响因素，以下各章将分别从理论和实证两方面来分析这两个问题。

第五节　本章小结

本章从上市公司网络会计信息披露的调查结果出发，从成本—效益、路径依赖、信号理论几方面分析了上市公司会计信息虚假披露的成因，主要研究内容如下：

（1）将中国证券监督管理委员会官方网站上的 2002—2008 年行政处罚决定书的数据进行统计汇总，同时设计了《中国公众投资者对上市公司网络披露会计信息使用情况的调查问卷》，形成对上市公司网络会计信息虚假披露的程度和规模的初步认识。

（2）分析了网络环境下信息披露真实度的约束条件，特别讨论了证券市场网络会计信息披露的直接成本和间接成本，以及网络会计信息披露价值均衡。

（3）从制度经济学的视角分析了网络会计信息虚假披露与其经营路径的依赖关系。

（4）从信息经济学的视角构建了网络会计信息虚假披露的博弈模型并进行均衡分析。

第四章 基于模糊集的网络会计信息披露真实度综合评价

证券市场的信息特别是会计信息能否发挥真正的作用，关键在于信息的质量，特别是真实度的高低。信息的真实度很难在使用之前被证实或证伪，为防止其虚假性，就需要对披露信息的真实度进行恰当的评价。为了综合、系统的考虑网络会计信息披露的真实度问题，本章从强制网络会计信息披露的规范性、自愿网络会计信息披露数量、网络披露信息财务特征三个维度、利用模糊综合评价方法全面考核上市公司网络会计信息披露的真实程度。

第一节 网络会计信息披露真实度评价指标体系

信息披露真实性的评价有两种方法：一种是直接采用某个权威部门对上市公司信息披露的评级；另一种是笔者自己构建计量指标体系。两种方法各有利弊。至于评价的内容，有从信息披露的数量、从 XBRL 标记，也有直接从财务指标，还有从公司治理结构等不同视角进行的。

一 强制网络会计信息披露真实度评价指标

在国外的经验研究中，会计信息披露质量指标主要来自某些较权威的研究和中介机构披露排名。这类评级的参与者能力强、经验丰富，内容较全面客观，其优势是笔者自己构建的评价体系难以比拟的。但目前我国中介机构或研究机构对信息披露进行打分的却较为少见。深圳证券交易所于 2001 年 5 月 10 日发布的《上市公司信息披露工作考核办法》指出：

（1）对上市公司信息披露工作考核以上市公司该年度每一次信息披

露行为为依据，从及时性、准确性、完整性、合法性四方面分等级对上市公司及董事会秘书的信息披露工作进行考核。

（2）对上市公司信息披露及时性的考核主要关注以下方面：是否按本所安排的时间编制和披露定期报告；是否在法定时间内编制和披露定期报告；是否按照国家有关法律、法规和《深圳证券交易所股票上市规则》规定的临时报告信息披露时限及时向本所报告；是否按照国家有关法律、法规和《深圳证券交易所股票上市规则》规定的临时报告信息披露时限及时公告。

（3）对上市公司信息披露准确性的考核主要关注以下方面：公告文稿是否出现关键文字或数字（包括电子文件）错误，错误的影响程度；公告文稿是否简洁、清晰、明了。公告文稿是否存在歧义、误导或虚假陈述。

（4）对上市公司信息披露完整性的考核主要关注以下方面：提供文件是否齐备；公告格式是否符合要求；公告内容是否完整，是否存在重大遗漏。

（5）对上市公司信息披露合法合规性的考核主要关注以下方面：公告内容是否符合法律、法规和《深圳证券交易所股票上市规则》的规定；公告内容涉及的程序是否符合法律、法规和《深圳证券交易所股票上市规则》的规定。

（6）对上市公司及董事会秘书与本所工作配合情况的考核主要关注如下情形：董事会是否在规定时间回复本所监管函及其他问询事项；董事会成员及董事会秘书是否及时出席本所的约见安排；董事会秘书是否按本所要求促使公司董事会及时履行信息披露义务；董事会秘书是否与本所保持联络，联系电话、传真号码发生变化时是否及时通知本所；公司发生异常情况时，董事会秘书是否主动与本所沟通；董事会秘书是否按本所要求参加有关培训；公司董事会或董事会秘书是否在规定时间完成本所要求的其他事项。

深交所要求上市公司在指定的报刊及网站披露相关信息，可见其质量评价也包含对在指定网站披露的信息质量的评价①。考评结果不仅代表了交易所对上市公司信息披露质量的权威判断，而且考评结果一直受到媒体和公众投资者的关注。其考评结果对强化上市公司信息披露监管，尤其未来监管策略的选择，提高上市公司信息披露质量具有重要的意义。深圳证

---

① 深交所指定披露信息的网站为巨潮资讯网。

券交易所较好地评价了强制网络会计信息披露的规范化问题，所以本章采用深交所的信息披露质量考评结果来评价强制网络会计信息披露的规范性，并且给予较高权重。

深交所的考核以上市公司该年度每一次信息披露行为为依据，分优秀、良好、合格、不合格四个等级。笔者选取深交所公布的信息披露考评结果作为网络会计信息披露真实度的替代变量，并赋予相应分值，具体统计及分值见表4-1。

表4-1　　　　　　2006—2008年深交所信息披露质量考评统计表

等级	分值	2006年		2007年		2008年	
		数量	占比（%）	数量	占比（%）	数量	占比（%）
不合格	1	23	4.1	27	4.1	14	1.9
合格	3	171	30.9	214	32.7	188	25.9
良好	4	304	54.9	350	53.4	445	61.3
优秀	5	56	10.1	64	9.8	79	10.9
总计		554	100.0	655	100.0	726	100.0

资料来源：http：//www.szse.cn。

从表4-1可以看出，2006—2008年信息披露质量为优秀的比例基本在10%左右，但是2008年质量为良好的公司比例大幅上升，同时，不合格的比例大幅下降，尽管2008年上市公司受宏观经济环境的影响，业绩下降的比例很高。可见，经过几年的努力，深圳上市公司信息披露的质量有明显提高。

二　自愿网络会计信息披露真实度评价指标

自愿信息披露是上市公司自愿地披露现行法律法规和规则规定以外的信息。代理理论认为，公司管理层为保持监督成本最低而自愿披露信息，以便让委托人了解他想要知道的信息，代理成本越高，经理层自愿披露信息的动机就越强。信号传递理论也认为，如果拥有私人信息的经理层有办法将其私人信息传递给没有信息的投资者，或是在投资者的诱使下自愿披露私人信息，交易的帕累托改进就能实现。"声誉投资"模型则认定，如果上市公司采取积极信息披露策略导致其市场价值增加，就获取了"声誉租金"，同时信息供给程度低的上市公司市场价值相应较低。实证结果表明，中国证券市场上"好"的公司开始注重增加信息供给，倾向采取自愿性信息披露方式与投资者进行沟通，这已成为中国上市公司塑造"社会形象"和增值"信誉资本"的一种有效手段，上市公司信息供给的价值效应逐步凸显。

所以，部分研究以网络会计信息自愿披露的数量作为网络会计信息披露真实度的评价指标。自然，当大多数上市公司倾向于获取"声誉租金"时，上市公司所披露的信息真实度会加强，这时信息披露越多公司越透明，信息披露的数量可以作为其真实性的替代变量。比如，何玉构建了由网站披露形式数＋强制内容数＋自愿内容数＋总数的数量评价指标，并从信度分析、分析师跟随、深交所考评及公司规模四个方面证明了其网络会计信息披露指数的构建效度较高①。但我们也应该看到，自愿性信息披露是上市公司治理层的一种信息权力，这些权力形成了治理层的信息租金，他们经常会对自愿性信息披露进行选择，产生一定的信息偏差，利用这种非对称信息寻求"声誉"以外的租金。结合中国当前的国情，上市公司并非都经营顺利，监管力度也有待加强，所以自愿网络会计信息披露的数量可以部分但不能全部说明网络会计信息披露的真实程度。

故本章采用上市公司在自建网站披露信息数量作为网络会计信息披露真实度的指标之一，但给予较小权重。从自建网站的形式与效率两个尺度对上市公司自愿网络会计信息披露进行考察。其中除与投资者联系方式及时效性指标为一般定量指标外，其余全为0—1型定量指标。

（一）自愿网络会计信息披露形式

1. 投资者关系导航

投资者关系是指上市公司与公司的股权、债权投资人或潜在投资者之间的关系。也包括在与投资者沟通过程中，上市公司与资本市场各类中介机构之间的关系。国外经验已经证明，积极提供一贯而专注的投资者关系计划，是上市公司管理层用以改善公司形象、提高公司对投资者吸引力的理想方式之一。不仅如此，上市公司管理层还可借此设立证券研究部门、扩大投资者基础、增强股票流动性、提升股票价值，进而为公司未来再融

① 何玉：《网络财务报告研究：决定因素、经济后果与管制》，博士学位论文，上海交通大学，2006年。

资夯实基础。所以，上市公司网站上设置投资者关系导航是其进行投资者关系管理（IRM）的有效渠道，通过它上市公司保持同财经界和其他各界进行信息沟通，以实现相关利益者价值最大化并如期获得投资者的广泛认同，规范资本市场运作、实现外部对公司经营约束的激励机制、实现股东价值最大化和保护投资者利益，以及缓解监管机构压力等。

2. 月度运营数据

我国的自愿披露的信息多集中在季报、年报、中报、定期报告及临时报告里，本章选择了自建网站上披露月和周度运营信息发布的作为考察对象，结果发现星期运营数据完全没有，所以只考察上市公司是否披露月度运营数据。

3. 内部搜索引擎

内部搜索引擎方便浏览者在网站内检索信息，特别是一个内容丰富的网站。检索信息越方便，越能给使用者以好印象。搜索引擎的判断标准主要有搜索速度快慢、检索方式的灵活性与方便性，等等。

4. 与投资者联系方式

上市公司与利益相关者的信息沟通，除了投资者关系导航引导投资者了解上市公司的相关信息外。与投资者的互动也是非常重要的内容。互联网具有良好的互动能力，所以，本章选择 E - mail、电话及实时在线互动三项内容的得分来反映上市公司与投资者联系的能力。其中有三项都为优，有其中两项为良，有其中一项为中，一项都无为差。

5. 中外文网页

网络的特点在于其可以跨越时空，一个意图对外扩张的企业应该具有全局目光而设置外文网页。

（二）自愿网络会计信息披露效率

1. 时效性——更新是否及时

会计信息真实度的特点之一就是时效，过时的真实信息只能称之为历史的真实。而上市公司网站更新频率直接体现出其中呈现的会计信息时效性，它是评价网站最重要的指标。时效性的判断主要从信息的创建、发布与最后修改日期等方面着手；如果一个上市公司的网站更新信息的频率越快，其信息的时效性就越强，价值含量也就越大。本章选择上市公司自建网站的最新更新月份来评价时效性，以 2010 年 2 月 1 日为基准，更新时间短于 1 个月的为优，长于 1 个月短于 2 个月的为良；长于 2 个月短于 3 个月的为中；长于 3 个月未更新的为差。

2. 传递速度——登录时间是否少于 10 秒

网络是各种信息资源的载体，如果传递信息的时间过慢、相应需求时间过长都将过多耗费使用者时间，并影响信息传输质量，直接影响到人们利用网络的方便程度。

3. 可检索性——链接正常快速少于 15 秒

许多数据研究都证实，用户体验中网站打开时间是在 2 秒以下。用户的忍受度的最长等待时间在 6—8 秒之间。这就是说，8 秒是一个边界值，如果你的网站打开速度在 8 秒以上，那么用户会感到烦闷，大部分访问者最终都会离你而去。但是，如果在等待载入期间，网站能够向用户显示反馈消息，比如一个进度条，那么用户可以忍受的时间会延长一些，所以要想提高网站与投资者的沟通能力，最重要、也是最基础的指标就是速度。

4. 稳定性——从 2006 年以来较稳定

稳定性是指一个网站的存在状态，也是评价网站的一项重要指标。如果一个上市公司的网站能性能稳定、保持更新地长期存在，信息使用者则能从其中得到系统的、全面的、值得信赖的会计信息，拥有这样网站的上市公司给投资者以安全感。

5. 安全性——是否有病毒

安全性同样是上市公司网站的重要评价指标，主要考察其网站的防病毒、抗病毒能力强弱，以及对于特殊信息是否进行保护等方面。试想如果一名网站浏览者因为浏览或者下载了会计信息而感染病毒，造成无谓的损失，今后不仅有可能不再访问该公司的网站，甚至对上市公司的经营理念、管理能力都会提出质疑。这种因小失大的事情是上市公司应该极力回避的。

三　网络会计信息披露财务特征评价指标

深交所的信息披露质量考评结果评价了强制网络会计信息披露的规范性问题；自愿网络会计信息披露的计量作为上市公司自愿信息披露的评价因子；为了讨论网络会计信息披露内容的真实性，本章又选取了上市公司会计盈余的平滑度作为网络会计信息披露真实度财务特征的替代变量。

会计盈余作为上市公司财务报告的核心组成部分，通常被用来衡量企业的业绩，是投资者最为关心的重要综合性信息之一。投资者对盈余信息的依赖程度大于其他业绩指标，经理人员将盈余信息视为投资者和分析师进行评估的核心指标。资本市场中会计盈余的变动通常会引起公司股票价格的变动，从而影响到股东的投资报酬率，也正因为如此，盈余管理成为上市公司的普遍行为，其披露质量一定程度上反映了上市公司会计信息披露的质量。

盈余平滑是盈余管理的形式之一。盈余管理就是上市公司代理人在遵循会计准则的基础上，将对外报告的会计收益信息进行控制或调整，以达到自身利益最大化的行为。所以在信息不对称的情况下，盈余管理的受益者是上市公司管理层，而受害者则是外部投资者。因此，理论界一般对上市公司盈余管理持否定态度。

盈余平滑的概念，在西方研究较早较多，中国情况恰好相反。其原因主要在于我国的证券市场发展时间较短，上市公司的注意力仍集中在融资机会上，且名目繁多的上市、配股制度对公司盈利影响巨大，收益序列不仅未体现平滑的趋势，似乎更有理由趋向波形化[①]。

盈余平滑有着正反两方面的作用，许多著名的大公司都通过"削峰填谷"进行收益平滑，例如微软公司通过将景气年度计提的递延收入在软件销售淡季逐季释放的策略，维持了收入稳健增长报表势态；而通用电气公司的"全美最具可预测性公司"的头衔则源于其将出售资产实现的非营业收入冲销经营和非经营性亏损，由此造出连续17个季度的收益平稳，与华尔街的预期基本一致的纪录[②]。可见，这样的平滑结果尽管不是完全真实的，却是监管者、上市公司和投资者都喜闻乐见的，因为它会导致该上市公司"繁荣昌盛"的景象，并使其价值得到提升。

但是，盈余平滑的负面影响也是不容小觑的，盈余平滑的"游戏"一旦难以为继便会给投资者带来巨大损失，盈余平滑其方法如果被上市公司滥用，距离会计造假等欺诈行为的距离并不遥远，一旦超越其合法的界限，就会朝着恶意欺诈的方向发展。特别在我国，由于ST管理及上市增发等制度的实施，一方面使得企业的盈余可能呈现"波形化"的特点；

---

① 陆建桥：《中国亏损上市公司盈余管理实证研究》，《会计研究》1999年第9期。

② 黄世忠、王建峰、叶丰滢：《衍生金融工具与收益平滑游戏——美国联邦住房抵押贷款公司财务操纵案例剖析》，《财务与会计》2004年第10期。

　　另一方面，比如为避免被 ST，长期平滑收益使每股年度出现"微利"。借用管理后盈余分布法的原理，假设上市公司不存在为争取配股资格或避免报告亏损而进行盈余管理的动机，那么样本的盈余应该近似于正态分布；反之，在盈余分布图上，紧靠临界点（ROE 为 0 或 6%）左边的样本频数比预期的少，而紧靠临界点右边的样本频数比预期的多。图 4 - 1 是我国深沪 A 股上市公司 2005—2008 年的净资产收益率（ROE）的频数分布图。从图中可以看到，该分布图出现了两个明显不正常的峰值，特别在临界点 0 处，说明存在着非随机因素控制着 ROE 的分布，这有可能是管理当局的盈余平滑方法造成的。

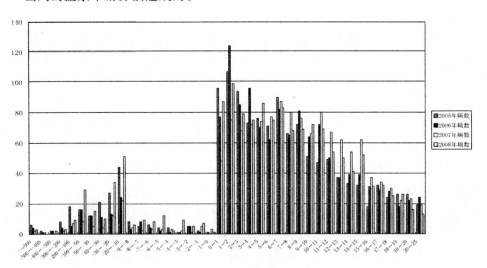

图 4 - 1　2005—2008 年净资产收益率（ROE）分布频数

　　笔者之所以选择盈余的平滑度作为上市公司网络会计信息披露真实度财务特征的替代变量，主要原因在于盈余的平滑度在我国的研究尚少，而平滑后的盈余信息与真实盈余信息的背离给投资者带来的危害更少有人关注；但盈余平滑的结果的隐蔽性及带来的盈余表上的平稳性与持续性，却是一件皆大欢喜的事情。深交所的信息披露考评从信息披露的及时性、准确性、完整性和合法性四方面分等级评价信息披露质量，那么在准确性中如何考察盈余平滑性的因素，是本书感兴趣的问题。

　　本书的上市公司盈余平滑度（ES）由公司前三年经营性盈余（SY）

的标准差除以经营活动产生的现金流量净额（XJ）的标准差。其数学公式如下：

$$ES = \sigma(SY)/\sigma(XJ) \qquad (4.1)$$

根据公式 4.1，ES 越大表明上市公司盈余平滑程度越低，ES 值越小，则上市公司会计盈余平滑程度可能越高。

基于以上分析，建立表 4-2 所示的网络会计信息披露真实度评价层次结构指标体系。

表 4-2　　　　　　　　会计信息真实度评价指标

A	一级指标 B	二级指标 C	三级指标 D	指标类型
网络会计信息披露真实度评价 U	强制网络会计信息披露项目 U_1（0.5816）*	深交所考评 U_{11}（1.0000）		定量指标
	自愿网络会计信息披露项目 U_2（0.1095）	自愿网络信息披露形式 U_{21}（0.5000）	投资者关系导航 U_{211}　　（0.3936）	0—1 定量指标
			月度运营数据 U_{212}　　（0.1401）	0—1 定量指标
			内部搜索引擎 U_{213}　　（0.0736）	0—1 定量指标
			与投资者联系方式 U_{214}（0.3553）	定量指标
			中外文网页 U_{215}　　（0.0374）	0—1 定量指标
		自愿网络信息披露效率 U_{22}（0.5000）	时效性——最新更新时间 U_{221}（0.4502）	定量指标
			连接和传递速度——登录时间是否少于 10 秒 U_{222}　　（0.2619）	0—1 定量指标
			连接正常快速打开 U_{223}（0.1524）	0—1 定量指标
			稳定性——2006 年以来较稳定 U_{224}（0.0643）	0—1 定量指标
			信息安全——是否有病毒 U_{225}（0.0712）	0—1 定量指标
	网络会计信息披露财务特征 U_3（0.3090）	盈余平滑 U_{33}（1.0000）		定量指标

注：* （）内为各指标权重数据，计算结果来自第四章第二节。

四　考察样本及适用范围

　　至于考核对象，考虑到目前国内只有深交所对外发布信息披露考评结果，所以本章选择深交所 2006—2008 年的 A 股数据为对象，从深交所网站获取考评结果作为强制网络会计信息披露指标数据；以巨潮咨询网上深交所各个上市公司公布的网址为准，进入各上市公司自建网站，获取自愿网络会计信息披露相关数据①；而计算盈余平滑度的时间需要向前延伸，故以 2004—2008 年间深市全部上市公司的数据作为研究对象计算盈余平滑度指标。计算时需要使用前两年及当年的现金流和经营性盈余数据，因此，如果公司从第 t－2 年到第 t 年的财务数据都齐全，则可纳入样本范围。此外，考虑到金融类上市公司的特殊性，笔者将其从样本中剔除；还剔除了各年退市的上市公司以及数据收集整理过程中数据缺失的上市公司。最终，本章选定深交所 2006 年 483 个、2007 年 495 个、2008 年 547个，三年共计 1525 个有效样本，盈余平滑数据来自巨灵金融数据库。这1525 个样本同样适用于第五、第六章。

第二节　基于层次分析法的指标权数确定

　　1965 年，L. A. Zadeh 提出的模糊集理论，能较好地处理事物的属性处于模糊时的问题②。这一理论现今广泛应用到经济管理、会计金融、系统科学、自动控制等领域。

　　模糊综合评价（Fuzzy Comprehensive Judgement）方法是应用模糊集理论对系统的多种价值因素综合考虑，判断其优劣的一种评价方法。

　　在确定了网络会计信息真实度评价因素后，必须确定评价指标的权数，指标的权数结构直接影响网络会计信息真实度评价结论的可取性。模糊综合评价法中确定各指标的权重可用多种方法，美国匹兹堡大学教授萨蒂（T. L. Saaty）提出的层次分析法（Analytical Hierarchy Process，AHP）

---

　　①　样本公司没有建设网站或者有网站却打不开，为评价而单独标识。
　　②　L. A. Zadeh, Fuzzy Sets [J]. *Information and Contral*, 1965 (8).

是一种较成熟和有效的方法。

层次分析法能够有效的处理多目标功能复杂的相互关系，以相对而不是绝对的方法来度量分目标、分功能的优先权数[①]。它首先将复杂的问题分解成若干层次，建立起一个有秩序的递阶层次结构。然后再两两比较，确定每个层次中各个因素对于上一层次的相对重要性，构造出一系列的两两比较判断矩阵，同时将人的主观判断用数量的形式加以表达和处理，从而达到对要分析的对象进行优劣排序进而科学决策的目的。

一　基于层次分析法的指标权数计算方法

（一）构造判断矩阵

建立了表4－2的递阶层次模型后，我们再来根据上下层间的隶属关系，构造判断矩阵。本章采用 T. L. 萨蒂教授的1—9比例标度法在各层指标之间进行两两比较以判断各指标的相对重要性。

设 P 为判断矩阵，则 $P = (p_{ij})$，其中标度 p_{ij} 的含义如表4－3所示。

表4－3　　　　　　　　　判断矩阵的标度及其含义表

标度（p_{ij}）	含义（两个指标相对重要性的比较）
1	i 指标与 j 指标相比，同样重要
3	i 指标与 j 指标相比，略微重要
5	i 指标与 j 指标相比，明显重要
7	i 指标与 j 指标相比，非常重要
9	i 指标与 j 指标相比，绝对重要
2、4、6、8	为以上两判断之间的中间状态对应的标度值
倒数	若 j 指标与 i 指标比较，得到的判断值为 $p_{ij} = p_{ji}$

（二）单层次权数的确定

按照层次分析法，为确定每一层次的权数，必须求解判断矩阵的特征根和特征向量，然后对本层次的所有指标进行排序，其依据是由判断矩阵

---

① T. L. Saaty, *The Analytic Hierarchy Process* [M]. New York：McGraw – Hill, 1980.

确定的上一层次指标的相对重要性，确定权数。即对判断矩阵 P，计算满足下式的特征根和特征向量。

$$PW = \lambda_{max} W \qquad (4.2)$$

其中，λ_{max} 表示 P 的最大特征根；W 表示对应于 λ_{max} 的正规化特征向量。W 的分量 W_i 即为相应指标单层次的权数。计算判断矩阵的最大特征根及其对应的特征向量的方法有很多，因而确定权数 W_i，也可以有许多方法，常用的方法有幂法、方根法和和积法。其中方根法的步骤如下：

（1）计算判断矩阵每一行元素的乘积 M_i

$$M_i = \prod_{j=1}^{n} p_{ij} \qquad (4.3)$$

（2）计算 M_i 的 n 次方根

$$\overline{W_i} = \sqrt[n]{M_i} \qquad (4.4)$$

（3）对向量 $\overline{W_i}$ 做归一化处理：

$$W_i = \overline{W_i} / \sum_{j=1}^{n} \overline{W_j} \qquad (4.5)$$

式中，M_i 表示本层次指标相对于上一层次的权数。

（三）一致性检验

在层次分析法的研究与应用中，通过判断矩阵的一致性检验是一个重要的概念。通常，一致性包括基本一致性和次序一致性[1]，基本一致性一般难以满足，但是不具备次序一致性的判断矩阵导出的元素相对重要性的排序值不可能是"对某种属性的一个合理测度"[2]。由于网络会计信息真实度评价的复杂性及多样性，在对大量指标进行主观两两比较判断重要性时，可能会产生不一致性的结论。为此要进行一致性检验。即检查在构造判断矩阵时的判断思维是否具有一致性。若通过检验判断矩阵构造合理，单层次确定权数科学，否则应重新构造判断矩阵并计算权数。步骤如下：

（1）计算矩阵 U 的最大特征向量：

$$\lambda_{max} = \sum_{i=1}^{m} \frac{(PW)_i}{mW_i} \qquad (4.6)$$

---

① 许树柏：《层次分析法原理》，上海辞书出版社 1980 年版。

② 马维野：《一种检验判断矩阵次序一致性的实用方法》，《系统工程理论与实践》1996 年第 11 期。

（2）计算一致性指标 CI，CI 越小，说明一致性越大。

$$CI = \frac{\lambda_{\max} - n}{n - 1} \qquad (4.7)$$

（3）计算检验系数 CR：

$$CR = \frac{CI}{RI} \qquad (4.8)$$

其中，RI 是平均一致性指标，可通过表 4 - 4 查到。当比较的指标越多，即判断矩阵的维数越大时，判断的一致性就越差，故应放宽对高维判断矩阵一致性的要求，引入 RI 进行修正。CR 越小时，说明对各指标权数的可靠性越高。当 $CR = 0$ 时，可认为判断具有完全一致性，当 $CR < 0.1$ 时，可认为判断矩阵是满意的。否则，说明对各指标的判断有矛盾，需重新构造判断矩阵。

表 4 - 4　　　　　　　　　　　　　　RI 系数表

维数 n	1	2	3	4	5	6	7	8	9
RI	0.00	0.00	0.52	0.89	1.12	1.26	1.36	1.41	1.46

二　各级指标权数的确定

根据以上方法，利用杜栋等提供的计算机软件[①]，分别得出各层次的权重。

（一）一级指标权重

按 1—9 标度法构建一级指标 U 的判断矩阵如下：

$$
\begin{array}{cccc}
U & U_1 & U_2 & U_3 \\
U_1 & \begin{bmatrix} 1 \\ 1/5 \\ 1/2 \end{bmatrix} & \begin{array}{c} 5 \\ 1 \\ 3 \end{array} & \begin{array}{c} 2 \\ 1/3 \\ 1 \end{array} \\
U_2 & & & \\
U_3 & & &
\end{array}
$$

得到权重集 $A = (0.5816, 0.1095, 0.3090)$

计算得：$\lambda_{\max} = 3.0037$；$CI = 0.0018$；$RI = 0.58$；$CR = 0.0032 < 0.1$，通过一致性检验。

---

① 杜栋、庞庆华、吴炎：《现代综合评价方法与案例精选》，清华大学出版社 2008 年版。

（二）二级单层次权数的确定及一致性检验

按1—9标度法构建二级指标 U_2 的判断矩阵如下：

$$
\begin{array}{c}
\quad U_2 \quad U_{21} \quad U_{22} \\
\begin{array}{c} U_{21} \\ U_{22} \end{array}
\left[\begin{array}{cc}
1 & 1 \\
1 & 1
\end{array}\right]
\end{array}
$$

得到权重集：$A_2 = (0.5000, 0.5000)$

计算得：$\lambda\max = 2$；$CI = 0$；$RI = 1E - 6$；$CR = 0 < 0.1$，通过一致性检验。

（三）三级单层次权数的确定及一致性检验

按1—9标度法构建三级指标 U_{21} 的判断矩阵如下：

$$
\begin{array}{c}
\quad U_{21} \quad U_{211} \quad U_{212} \quad\quad U_{213} \quad U_{214} \quad\quad U_{215} \\
\begin{array}{c} U_{211} \\ U_{212} \\ U_{213} \\ U_{214} \end{array}
\left[\begin{array}{ccccc}
1 & 5 & 5 & 1 & 7 \\
1/5 & 1 & 3 & 1/3 & 5 \\
1/5 & 1/3 & 1 & 1/5 & 3 \\
1 & 3 & 5 & 1 & 7
\end{array}\right]
\end{array}
$$

得到权重集 $A_{21} = (0.3936, 0.1401, 0.0736, 0.3553, 0.0374)$

计算得：$\lambda\max = 5.2247$；$CI = 0.0562$；$RI = 1.12$；$CR = 0.0502 < 0.1$，通过一致性检验。

按1—9标度法构建三级指标 U_{22} 的判断矩阵如下：

$$
\begin{array}{c}
\quad U_{22} \quad U_{221} \quad U_{222} \quad\quad U_{223} \quad U_{224} \quad\quad U_{225} \\
\begin{array}{c} U_{221} \\ U_{222} \\ U_{223} \\ U_{224} \\ U_{225} \end{array}
\left[\begin{array}{ccccc}
1 & 3 & 3 & 5 & 5 \\
1/3 & 1 & 3 & 5 & 3 \\
1/3 & 1/3 & 1 & 3 & 3 \\
1/5 & 1/5 & 1/3 & 1 & 1 \\
1/5 & 1/3 & 1/3 & 1 & 1
\end{array}\right]
\end{array}
$$

得到权重集 $A_{22} = (0.4502, 0.2619, 0.1524, 0.0643, 0.0712)$

计算得：$\lambda\max = 5.2144$；$CI = 0.0536$；$RI = 1.12$；$CR = 0.0479 < 0.1$，通过一致性检验。

第三节 指标评价标准及隶属度

评价标准是对评价对象进行分析评判的标尺。

一 指标评价标准的确定

(一) 建立评语集

设评判集 $V = (V_1, V_2, V_3, V_4)$，其中 V_1, V_2, V_3, V_4 分别代表评语"优"、"良"、"中"、"差"①。

(二) 指标评价标准

参照深交所的考评结果及第三章的设置（见表 3 - 3）以及第四章第二节的讨论，网络会计信息披露具体指标评价标准如表 4 - 5 所示。

表 4 - 5   指标评价标准表

指　　标	评价标准	
	优值————→差值	
深交所考评等级	5	1
投资者关系导航	1	0
月度	1	0
内部搜索引擎	1	0
与投资者联系方式	3	0
中外文网页	1	0
时效性——最新更新时间（月）	1	3
连接和传递速度——登录时间少于 10 秒	1	0
稳定性——2006 年以来较稳定	1	0
信息安全——是否有病毒	1	0
盈余平滑	1.2	0.3

---

① 若样本公司没有建设网站或者有网站却打不开，则所有指标的评价均为差。

二　评价指标隶属度计算

一个元素属于一个集合的程度我们称之为隶属度。它用 0—1 闭区间上的一个数值表示，这个数值越接近 1，表明隶属度越强；反之则所取的数值越接近 0。一般使用隶属函数确定隶属度，隶属函数是表示变量与其隶属度之间对应关系的函数。确定三级指标的隶属度是建立模糊矩阵的基础。

本章设置的定量评价指标的隶属度的确定方法又分 0—1 型定量指标、越大越好型和越小越好型指标几种情况。

（一）0—1 型指标的隶属度

0—1 型指标当 $x = 1$ 时为优，$x = 0$ 时为差，没有中间值。故隶属度 r_{ijkt} 为：

$x = 1$ 时，$r_{ijk1} = 1$，$r_{ijkt} = 0$，$t = 2，3，4$

$x = 0$ 时，$r_{ijk4} = 1$，$r_{ijkt} = 0$，$t = 1，2，3$

如万科（000002）自建的网站上有"投资者导航"栏目，故三级指标"投资者导航"U_{211} 的隶属度为（1，0，0，0）；而中国宝安（000009）在自建网站则没有"投资者导航"栏目，故其三级指标"投资者导航"U_{211} 的隶属度为（0，0，0，1）。同理可得出其余 0—1 型指标的隶属度。

（二）盈余平滑度指标的隶属度

盈余平滑度指数反映上市公司会计盈余是否有平滑倾向。ES 取值越小，平滑盈余的可能性也就越大。所以盈余平滑度效益型指标属于越大越好型的指标。根据公式 4.1 计算出其值分布区间为（0，603）。参照表 4 – 3 制定的评价标准确定该指标的临界值 a、b（$a < b$），然后在（a，b）间插入 2 个等距离点 X_1、X_2。根据公式 4.9 的隶属函数计算出盈余平滑度指标 U_3 隶属于等级 V_i（$i = 1，2，3，4$）和隶属度 R_{3t}（$t = 1，2，3，4$）。

$$r_{31} = \begin{cases} 1 & x \geqslant b \\ (x - x_4)/d & x_2 \leqslant x < b \end{cases}$$

$$r_{3t} = \begin{cases} (x_{4-t+1} - x)/d & x_{4-t} \leqslant x < x_{4-t+1} \\ (x - x_{4-t-1})/d & x_{4-t-1} \leqslant x < x_{4-t} \end{cases} \quad t = 2,3 \qquad (4.9)$$

$$r_{34} = \begin{cases} (x_1 - x)/d & a \leqslant x < x_1 \\ 1 & x < a \end{cases}$$

其中，$d = (b-a)/3$；$x_0 = a$，$x_3 = b$。

具体来说，当 ES 小于 0.3 时，就意味着上市公司操纵利润的动机比较强烈；当 ES 大于 1.2 时，则意味着公司平滑盈余的可能性较小。如万科 2007 年盈余平滑度为 0.3238，查定量指标评价标准表得到该指标的优值、差值分别为 1.2 和 0.3，所以 $x_0 = a = 0.3$，$x_3 = b = 1.2$，$d = (b-a)/3 = 0.3$，x_1，x_2 为插入 a，b 间的等距离点，计算得：

$r_{31} = 0.0000$，$r_{32} = 0.0000$，$r_{33} = 0.0793$，$r_{34} = 0.9207$

即万科公司 2007 年的盈余平滑度指标属于优良的概率为 0，属于"中"的概率为 0.0793，属于差的概率为 0.9207。

同理可得出其余上市公司 2006—2008 年的盈余平滑度的隶属度。

（三）其他定量指标的隶属度

其他定量指标包括与投资者联系方式、时效性—最新更新时间两项，其中与投资者联系方式属于越大越好型指标，其优、良、中、差的取值分别为 3、2、1、0。投资者联系方式的隶属度计算如表 4 - 6 所示。

表 4 - 6　　　　　　投资者联系方式隶属度

联系方式个数	优	良	中	差
3	1	0	0	0
2	0	1	0	0
1	0	0	1	0
0	0	0	0	1

而时效性则属于越小越好型指标，根据笔者的统计，其取值分布在 [0，68] 之间，即最短不到 1 个月，最长 68 个月有更新。以 2010 年 2 月 1 日为基准，更新时间短于 1 个月的为优，长于 1 个月短于 2 个月的为良；长于 2 个月短于 3 个月的为中；长于 3 个月未更新的为差。得到时效性隶属度如表 4 - 7 所示。

表 4 - 7　　　　　　　　时效性——最新更新时间隶属度

更新时间（月）	优	良	中	差
0	1	0	0	0
1	0	1	0	0
2	0	0	1	0
>3	0	0	0	1

第四节　基于模糊集的网络会计信息
披露真实度分级评价

一　一级模糊综合评价

一级模糊综合评价是针对三级指标 U_{ijk} 对于第 t 等级评语 V_t 的隶属度设三级指标 u_{ijk} 对于第 t 等级评语 V_t 的隶属度 r_{ijkt} （$t=1$，2，3，4），得到评价隶属矩阵 $R_{ij}=(r_{ijkt})$，根据所构造的评价隶属矩阵，通过模糊运算求一级隶属向量 B_{ij}。本章构造的指标体系中，需要进行一级模糊评价的指标是自愿披露形式与效率指标。

$$B_{ij}=W_{ij}\cdot R_{ij}=$$

$$[\begin{matrix} w_{ij1} & w_{ij2} & \cdots & w_{ijm} \end{matrix}]\cdot\begin{bmatrix} r_{ij11} & r_{ij12} & r_{ij13} & r_{ij14} \\ r_{ij21} & r_{ij22} & r_{ij23} & r_{ij24} \\ \cdots & \cdots & \cdots & \cdots \\ r_{ijm1} & r_{ijm2} & r_{ijm3} & r_{ijm4} \end{bmatrix}$$

$$=[\begin{matrix} b_{ij1} & b_{ij2} & b_{ij3} & b_{ij4} \end{matrix}] \qquad (4.10)$$

如万科公司二级指标"自愿网络会计信息披露形式 U_{21}"下有 5 个三级指标，并有：

$$W_{21}=[\begin{matrix} 0.3936 & 0.1401 & 0.0736 & 0.3553 & 0.0374 \end{matrix}] R_{21}$$

$$=\begin{bmatrix} 1 & 0 & 0 & 0 \\ 1 & 0 & 0 & 0 \\ 1 & 0 & 0 & 0 \\ 0 & 1 & 0 & 0 \\ 1 & 0 & 0 & 0 \end{bmatrix}$$

根据公式 4.10 计算得：$B_{21} = W_{21} \cdot R_{21} = \begin{bmatrix} 0.6447 & 0.3553 & 0 & 0 \end{bmatrix}$。

同理，计算万科公司二级指标"自愿网络会计信息披露效率 U_{22}"的二级指标隶属度：

$$B_{22} = W_{22} \cdot R_{22} = \begin{bmatrix} 1 & 0 & 0 & 0 \end{bmatrix}$$

二　二级模糊综合评价

二级模糊综合评价是对所有二级指标进行评价。显然，U_{ij} 的单指标评价向量应是所求得的一级模糊隶属向量。故 U_{ij} 的评价隶属矩阵为 $R_i = (B_{ijt})$，从而得到二级隶属向量 B_i。

$$B_i = W_i \cdot R_i = \begin{bmatrix} w_{i1} & w_{i2} & \cdots & w_{in} \end{bmatrix} \cdot \begin{bmatrix} b_{i11} & b_{i12} & b_{i13} & b_{i14} \\ b_{i21} & b_{i22} & b_{i23} & b_{i24} \\ \cdots & \cdots & \cdots & \cdots \\ b_{in1} & b_{in2} & b_{in3} & b_{in4} \end{bmatrix}$$

$$= \begin{bmatrix} b_{i1} & b_{i2} & b_{i3} & b_{i4} \end{bmatrix} \qquad (4.11)$$

如万科公司一级指标"自愿网络会计信息披露"下有 2 个二级指标，并有：

$$W_2 = \begin{bmatrix} 0.5 & 0.5 \end{bmatrix} \quad R_2 = \begin{bmatrix} 0.6447 & 0.3553 & 0 & 0 \\ 1 & 0 & 0 & 0 \end{bmatrix}$$

根据公式 4.11 计算得 $B_2 = W_2 \cdot R_2 = \begin{bmatrix} 0.8224 & 0.1776 & 0 & 0 \end{bmatrix}$

同理，计算出其他一级指标的隶属度。可以得到万科公司 2007 年的一级指标隶属度，如表 4-8 所示。

表 4-8　　　　　　　　　万科 2007 年一级指标隶属度

一级指标	权数	一级指标隶属度 R			
U_i	W_i	优 b_{i1}	良 b_{i2}	中 b_{i3}	差 b_{i4}
强制网络会计信息披露	0.5816	0.0000	1.0000	0.0000	0.0000
自愿网络会计信息披露	0.1095	0.8224	0.1776	0.0000	0.0000
财务报告特征	0.3095	0.0000	0.0000	0.0793	0.9207

三　三级模糊综合评价

三级模糊综合评价是指对二级指标之间进行模糊综合评价。根据二级模糊综合评价，得到三级评价隶属矩阵为：$R = (B_{it})$，则得到三级隶属向量 B：

$$B = W \cdot R = \begin{bmatrix} w_1 & w_2 & w_3 & w_4 \end{bmatrix} \cdot \begin{bmatrix} b_{11} & b_{12} & b_{13} & b_{14} \\ b_{21} & b_{22} & b_{23} & b_{24} \\ \cdots & \cdots & \cdots & \cdots \\ b_{41} & b_{42} & b_{43} & b_{44} \end{bmatrix}$$

$$= \begin{bmatrix} b_1 & b_2 & b_3 & b_4 \end{bmatrix} \qquad (4.12)$$

进行归一化得：$\bar{B} = (\bar{b}_1, \bar{b}_2, \bar{b}_3, \bar{b}_4)$。$(\bar{b}_1, \bar{b}_2, \bar{b}_3, \bar{b}_4)$ 分别代表 U 对于评语 V_1，V_2，V_3，V_4 的隶属度。

如万科公司网络会计信息披露真实度总目标下有 3 个一级指标，并有：

$$W = \begin{bmatrix} 0.5816 & 0.1095 & 0.3090 \end{bmatrix}$$

$$R = \begin{bmatrix} 0 & 1 & 0 & 0 \\ 0.8224 & 0.1776 & 0 & 0 \\ 0 & 0 & 0.0793 & 0.9207 \end{bmatrix}$$

由公式 4.12 可求出万科公司 2007 年总目标 U 的隶属度：

$$B = \begin{bmatrix} 0.0900 & 0.6011 & 0.0245 & 0.2844 \end{bmatrix}$$

四　网络会计信息披露真实度总评价

设对优、良、中、差对应的打分为 $F = (5, 4, 3, 1)^{\mathrm{T}}$，利用向量乘积

$$Z = B \cdot F \qquad (4.13)$$

计算出最终评价得分值 Z。

如根据公式 4.13 算出万科 2007 年的最终评价得分为：

$$Z = \begin{bmatrix} 0.0900 & 0.6011 & 0.0245 & 0.2844 \end{bmatrix} \cdot \begin{bmatrix} 5 \\ 4 \\ 3 \\ 1 \end{bmatrix}$$

$$= 3.2124$$

按照网络会计信息披露真实度评价标准，万科公司 2007 年网络会计信息披露真实度等级为中等不到良好水平。仔细考察各分指标，笔者发现

万科公司 2007 年深交所的考评成绩为良好（4 分），而其自建网站的总评成绩为 4.8224，接近优秀水平，但是其会计盈余度为 0.3238，比最差的情形略好，可能存在盈余平滑现象，因此网络会计信息披露真实度评价不高。

万科公司 2006—2008 年的最终得分如表 4-9 所示：

表 4-9　　万科公司 2006—2008 年网络会计信息披露综合评价得分

年度	网络会计信息披露真实度评价得分
2006	3.1634
2007	3.2124
2008	3.8574

同理可算出其他所有样本公司的网络会计信息披露真实度综合评分，因篇幅限制表 4-10 列出 2006 年前 10 名及最后 10 名公司；表 4-11 列出 2007 年前 10 名及最后 10 名公司；表 4-12 列出 2008 年前 10 名及最后 10 名公司。

表 4-10　　　　　　　2006 年网络会计信息披露真实度评价排名

证券代码	证券名称	年度	名次	总评价得分
002022	科华生物	2006	1	4.9926
000729	燕京啤酒	2006	2	4.9844
002024	苏宁电器	2006	3	4.9759
000568	泸州老窖	2006	4	4.9616
000049	德赛电池	2006	5	4.9019
000410	沈阳机床	2006	6	4.8754
000778	新兴铸管	2006	7	4.8730
000429	粤高速 A	2006	8	4.7957
000528	柳工	2006	9	4.6620
000089	深圳机场	2006	10	4.5895
⋮			⋮	
002015	霞客环保	2006	474	1.6420

续表

证券代码	证券名称	年度	名次	总评价得分
000408	ST 玉源	2006	475	1.6243
000799	酒鬼酒	2006	476	1.5635
000150	宜华地产	2006	477	1.4138
000922	ST 阿继	2006	478	1.4134
000413	宝石 A	2006	479	1.2546
000750	S*ST 集琦	2006	480	1.1724
000578	盐湖集团	2006	481	1.1468
000908	天一科技	2006	482	1.0467
000010	SST 华新	2006	483	1.0000

表 4 - 11　　　　2007 年网络会计信息披露真实度评价排名

证券代码	证券名称	年度	名次	总评价得分
000900	现代投资	2007	1	4.9759
000157	中联重科	2007	2	4.9698
000987	广州友谊	2007	3	4.9508
000816	江淮动力	2007	4	4.8838
000429	粤高速 A	2007	5	4.8754
000528	柳工	2007	6	4.8154
002022	科华生物	2007	7	4.7629
000069	华侨城 A	2007	8	4.6943
000530	大冷股份	2007	9	4.6932
000677	山东海龙	2007	10	4.6298
⋮			⋮	
000582	北海港	2007	485	1.7229
000955	*ST 欣龙	2007	486	1.6672
000150	宜华地产	2007	487	1.6001
002021	中捷股份	2007	488	1.4381
000695	滨海能源	2007	489	1.3405
000902	中国服装	2007	491	1.3313
000820	金城股份	2007	492	1.3212
000502	绿景地产	2007	493	1.2144
000594	国恒铁路	2007	494	1.0000
000691	*ST 联油	2007	495	1.0000

表 4 - 12　　　　　　　2008 年网络会计信息披露真实度评价排名

证券代码	证券名称	年度	名次	总评价得分
000027	深圳能源	2008	1	5.0000
000089	深圳机场	2008	2	5.0000
002008	大族激光	2008	3	5.0000
002056	横店东磁	2008	4	5.0000
002081	金螳螂	2008	5	5.0000
000729	燕京啤酒	2008	6	4.9844
002001	新和成	2008	7	4.9759
002007	华兰生物	2008	8	4.9759
000680	山推股份	2008	9	4.9698
000825	太钢不锈	2008	10	4.9227
⋮			⋮	
000803	金宇车城	2008	538	2.1633
000996	中国中期	2008	539	2.1633
002089	新海宜	2008	540	2.1633
000546	光华控股	2008	541	2.0413
000415	汇通集团	2008	542	1.6586
000020	深华发 A	2008	543	1.3621
000526	旭飞投资	2008	544	1.3358
000534	汕电力 A	2008	545	1.1847
000408	ST 玉源	2008	546	1.0043
000691	*ST 联油	2008	547	1.0000

第五节　网络会计信息披露真实度评价指标的可靠性检验

本章对网络会计信息披露评价指标的可靠性检验分为两个步骤进行：第一步，信度分析，即通过计算克龙巴赫 α（Cronbach's Alpha）系数来检验网络会计信息披露真实度评价指标的内在一致性；第二步，分析网络会计信息披露真实度评价指标对价值相关性的影响，以明确其有效性。

一　信度分析

信度分析是一种测度综合评价指标体系是否具有一定的稳定性和可靠性的分析方法。主要考察一组评价指标是否测量的是同一特征，这些指标之间是否具有较高的内在一致性。信度高意味这些指标是对同一特征的测度，因此所获得的测试结果应该具有较高的一致性，这样的指标体系才是可靠的。信度分析最常用的方法是计算克龙巴赫 α 系数，其数学定义为：

$$\alpha = \frac{K\,\overline{\gamma}}{1 + (K-1)\overline{\gamma}} \tag{4.14}$$

其中，K 是评价指标数，$\overline{\gamma}$ 为 K 个指标相关系数的均值，克龙巴赫 α 系数在 0—1 之间。一般认为，一份信度系数好的量表，其总量表的信度系数最好在 0.80 以上，如果在 0.70—0.80 之间，也可以接受；如果是分量表，其信度系数最好在 0.70 以上，如果在 0.60—0.70 之间，也可以接受。如果达不到这个标准，则应考虑重新修订指标结构[①]。表 4-13 给出了网络会计信息披露一、二级评价指标信度。

表 4-13　　　　　网络会计信息披露评价指标信度分析

网络会计信息披露真实度评价指标	包含项目（个）	α 系数
总评价 U	11	0.971
强制网络会计信息披露 U_1	1	1
自愿网络会计信息披露 U_2	9	0.889
财务报告特征 U_3	1	1

说明：样本数 1525。

从表 4-13 可以看出，网络会计信息披露真实度评价总指数的克龙巴赫 α 系数达到 0.971，而克龙巴赫 α 系数最低的分指数 U_3 也达到 0.889，这说明本章构建的评价指数各个项目之间具有很高的内在一致性，可信度很高。

---

① 吴明隆：《Spss 统计应用实务问卷分析与应用统计》，科学出版社 2003 年版，第 1—268 页。

二 效度分析

效度分析是一种测度综合评价指标体系是否具有有效性的分析方法。本章立足于有效市场理论，故用网络信息披露评价指标对于证券市场有效性的作用来分析其效度。当然，上市公司自愿和强制披露的信息数量很多，从对市场有效性的实证检验文献看，会计盈余作为最直观的反映企业一定时期内经营成果的指标之一，具有较强的信号功能，是投资者进行价值判断的首选信息。

（一）样本、假设与模型

为了详细的考察信息披露真实度是否提升证券市场的价值相关性，我们采用本章的网络信息披露评价指标（最终评分）作为网络信息披露真实度的替代变量（Z），并将样本分为"低水平"组（Z < = 3）和"高水平"组（Z > 3），进行描述性统计和回归分析。研究样本仍为本章第一节第四点中使用的深市 A 股上市公司从 2006—2008 年的 1525 个数据。并有如下假设：

H4 - 1：网络会计信息披露真实度能够提高会计信息的价值相关性，
并构建如下价格盈余资本化模型：

$$P_i = \beta_0 + \beta_1 SY_i + \varepsilon_i \qquad i = 1, \cdots, 1525 \qquad (4.15)$$

其中 P_i 为第 i 个上市公司年度报告网络披露当日的收盘价；SY_i 为第 i 个上市公司年报中披露的每股收益，P_i 及 SY_i 数据均取自巨灵资讯网。

（二）描述性统计

表 4 - 14 的描述性统计结果显示，信息披露真实度全样本的均分未能达到良好水平；低水平组的均分未能达到及格水平；高水平组均分为良好水平。此外，从均值结果看有：

高水平组 SY > 全样本 SY > 低水平组 SY

高水平组 P > 全样本 P > 低水平组 P

初步显示出不同的信息披露水平预示着不同的价值含量。

（三）回归分析

从表 4 - 15 的回归分析的结果来看，尽管 2006—2008 年我国资本市场流动性异常，股价大起大落，但当从我们的价值相关性的回归检验结果均通过了 F 检验，自变量每股收益也均通过了 T 检验，表明我国证券市场股价与每股收益息息相关，尽管最好的情况下股价也只有 50%（R^2 = 0.500）由每股收益决定（2007 年高水平组）。

表 4 – 14　　　　　　　　　　　描述性统计

			均值	最小值	中位数	最大值	标准差	样本数
2006 年	全样本	*DISC*	3.73	1.00	4.00	5.00	0.78	498
		SY	0.24	-1.92	0.17	1.86	0.36	498
		P	12.90	3.26	9.80	79.95	9.36	498
	低水平	*DISC*	2.80	1.00	3.00	3.00	0.61	157
		SY	0.09	-1.92	0.06	1.37	0.31	157
		P	10.71	3.26	8.45	47.98	6.62	157
	高水平	*DISC*	4.16	4.00	4.00	5.00	0.37	341
		SY	0.31	-1.38	0.24	1.86	0.36	341
		P	13.90	3.51	10.87	79.95	10.23	341
2007 年	全样本	*DISC*	3.68	1.00	4.00	5.00	0.80	590
		SY	0.39	-1.37	0.31	3.47	0.46	590
		P_0	18.06	3.98	13.36	159.70	16.07	590
	低水平	*DISC*	2.79	1.00	3.00	3.00	0.62	207
		SY	0.27	-1.37	0.19	3.47	0.47	207
		P_0	14.61	3.98	10.34	159.70	14.74	207
	高水平	*DISC*	4.16	4.00	4.00	5.00	0.36	383
		SY	0.46	-0.99	0.39	2.36	0.43	383
		P_0	19.93	4.40	14.94	136.29	16.46	383
2008 年	全样本	*DISC*	3.79	1.00	4.00	5.00	0.71	726
		SY	0.28	-2.22	0.21	4.02	0.47	726
		P	11.58	3.31	8.65	89.00	8.75	726
	低水平	*DISC*	2.86	1.00	3.00	3.00	0.51	202
		SY	0.06	-0.97	0.05	1.78	0.39	202
		P	8.93	3.31	6.61	59.50	7.05	202
	高水平	*DISC*	4.15	4.00	4.00	5.00	0.36	524
		SY	0.35	-2.22	0.27	4.02	0.47	524
		P	12.43	3.34	9.32	89.00	9.08	524

表 4 - 15　　　　　　　　　　回归结果分析表

P	高水平				低水平			
年份	变量	系数	t 统计量	Sig.	变量	系数	t 统计量	Sig.
2006	C	7.867	14.838	0.000	C	9.882	20.155	0.000
	SY	19.655	17.479	0.000	SY	9.593	6.332	0.000
	调整后的 $R^2 = 0.472$，F 统计量 $= 305.515$，P 值 $= 0.000$				调整后的 $R^2 = 0.200$，F 统计量 $= 40.09$，P 值 $= 0.000$				
2007	C	7.581	8.743	0.000	C	9.528	10.110	0.000
	SY	26.863	19.573	0.000	SY	18.999	10.858	0.000
	调整后的 $R^2 = 0.500$，F 统计量 $= 383.107$，P 值 $= 0.000$				调整后的 $R^2 = 0.362$，F 统计量 $= 40.098$，P 值 $= 0.000$				
2008	C	7.892	20.986	0.000	C	8.118	20.032	0.000
	SY	13.050	20.286	0.000	SY	12.812	12.324	0.000
	调整后的 $R^2 = 0.456$，F 统计量 $= 411.512$，P 值 $= 0.000$				调整后的 $R^2 = 0.288$，F 统计量 $= 151.871$，$P = 0.000$				

　　对比各年的信息披露高水平组与低水平组的情况我们发现，2006—2008 年各年度高水平组的价值相关性都高于其低水平组。年报公布当天 P 的高水平组决定系数 R^2 分别为 0.472、0.500 及 0.456，表明股价 P 分别有 47.2%、50.0% 及 45.6% 是由每股收益决定的；而低水平组的决定权分别只有 20.0%、36.2% 和 28.8%。由于所有数据均通过 1% 水平的 T 检验和 F 检验，故假设 H4 - 1 得以验证，我们有理由相信网络会计信息披露的高真实度能够提升公司价值相关性，本章构建的网络信息披露评价指标是有效的。

第六节　本章小结

　　本章基于模糊集对网络会计信息披露真实度进行了综合评价。主要内容有：

（1）以深交所考评结果作为强制网络会计信息披露为替代变量、从上市公司自建网站的形式与效率两个维度构建了自愿网络会计信息披露评价指标体系、以盈余平滑度作为网络会计信息披露财务特征的替代变量，构建了网络会计信息披露真实度的总评价指标体系。

（2）利用层次分析法确定各层次指标的权数。

（3）制定各指标的评价标准（优、良、中、差），确定计算各评价指标隶属度的方法。

（4）利用模糊综合评价法对深交所 1525 个样本公司进行综合评价，得到各样本公司网络会计信息披露真实度的评价分值及排名。

（5）通过计算克龙巴赫 α 系数对网络信息披露评价指标进行了信度分析；按网络信息披露评价分数将样本分为 "低水平" 组（Z < = 3）和 "高水平" 组（Z > 3）分别进行价值相关性的描述性统计和回归分析，考察网络信息披露真实度是否提升证券市场的价值相关性，以检验本章构建的网络信息披露指标的有效性。

第五章　网络会计信息披露真实度外部规制影响因素分析

从第四章对网络会计信息披露真实度的模糊综合评价结果看，2006—2008年网络会计信息披露真实度的最高评分与最低评分相差极大，究竟有哪些因素影响了上市公司网络会计信息披露的真实度是本章下面重点研究的内容。

第四章的网络会计信息披露真实度指标体系由强制网络会计信息披露、自愿网络会计信息披露及财务特征三个部分组成，其中财务特征指标（盈余平滑度）具有结果的隐蔽性及盈余表象的平稳性与持续性，危害虽大却时常被利益相关者忽略。所以对盈余平滑度与其他指标特别是强制网络会计信息披露指标的关系本章也予以了特别关注。

影响网络会计信息披露的影响因素较多，笔者主要从外部规制与公司内部治理两个方面展开研究。

第一节　理论分析与假说提出

一　外部规制的影响

外部规制对上市公司网络信息披露真实透明度的影响体现在证券市场中的规则、监控与监督以及网络环境对上市公司网络披露行为的监督和约束作用。具体通过市场监管、会计准则、独立审计、债权人和行业竞争等方式对上市公司的信息披露实现监督和调节。

（一）会计准则

会计准则是会计人员从事会计工作的规则和指南，它制定上市公司的会计信息质量的标准，规范会计报表的编报，是上市公司信息披露的依据。尽管各个国家的会计准则不完全相同，但其追求高质量会计信息、为投资者服务的目标是一致的。我国新企业会计准则自 2007 年 1 月 1 日在上市公司施行，其目的也在适应新的投资环境、提高证券市场的会计信息质量。遗憾的是，尽管网络渠道已成为投资者查询上市公司会计信息的首选，但是新准则并未涉及。总的来看，我国的会计准则和国际会计准则差距在缩小。但这种差距存在时，学者们仍在通过各种方法对其进行比较研究，以了解它们对信息披露的影响。

经济全球化的发展，致使国际资本市场上近三十年来日趋活跃着企业跨境双重上市热潮，跨国上市的利益相关者涉及不同国别，按照几个相关国家的会计准则及证券市场信息披露规范披露信息，以缓解投资者对更多信息不对称的焦虑是上市公司必须完成的工作。这种现象引起了西方财务学界对其财务动因与融资效应等问题的高度关注。大量文献从市场分割、流动性、信息披露、投资者保护等不同角度寻找可能的答案①。信号理论认为，双重上市具有向投资者发送"高质量"公司的信号示意功能。境内上市公司选择到一个监管更严格、投资者保护更完善的境外资本市场实现双重上市，是为了向外部投资者传递公司管理层对公司高质量和高治理水平的信号，从而与市场上其他低质量的公司区分开来，以获得更高的估值回报②③。

近年来，我国在美国上市的企业不少，但同时在国内 A 股上市的却不多。更多的情况是在香港上市后又回归 A 股市场。此外，国内证券市场又被分割为 A 股市场和 B 股市场。

在香港上市或者发行 B 股的上市公司，由于主要针对境外投资者，需要按照国际会计准则（IAS）编制会计报表和披露会计信息，而同时发行 AH 股或者 AB 股的上市公司，则需要同时提供按照中国会计准则和国际会计准则编报的会计报表，这为我们考察这两种不同的会计准则对网络

① 潘越：《中国公司双重上市行为研究》，北京大学出版社 2007 年版。

② Cantale, S., The Choice of a Foreign Market as a Signal ［Z］. Tulane University Working Paper. 1996.

③ Karolyi, G. A., The World of Cross – listing and Cross – listing of the World：Challenging Conventional Wisdom. *Review of Finance*, 2006 （10）：99 – 152.

会计信息披露真实度的影响提供了条件。

由于中国会计准则和国际会计准则存在差距，通常认为后者质量更高，且经验丰富、市场监管更为严格，投资者更为成熟，故国内投资者对同时发行 AH 股或者 AB 股的上市公司披露的会计信息采信度较高。至于盈余平滑度方面国外学术界对收益平滑的研究较早较多，对盈余平滑的敏感程度和监管力度也高于 A 股市场。

基于以上分析，本章提出如下假说：

H5 - 1：同时发行 A/H 股或者 A/B 股的上市公司，其网络会计信息披露真实度较高，会计盈余平滑程度低。

（二）市场监管

证券监管是控制证券市场参与者市场行为的一个完整系统。证券监管水平对网络会计信息披露真实度具有重要影响。对于已经上市的公司除了日常的管理之外，直接监管手段就是对其再融资资格的限制与对问题企业的特别处理。所以，我国上市公司进行盈余管理的最常见的两个动机：一是争取再融资；二是避免亏损以免被监管部门特殊处理或暂停交易。

1. 特别处理（ST/*ST）公司监管

证券市场对于连年亏损的上市公司有相关监管规定，最近两个会计年度的审计结果显示的净利润为负值，也就是说，如果一家上市公司连续两年亏损或每股净资产低于股票面值，就要予以特别处理，即在股票简称前冠以 "ST" 字样。上市公司如果出现最近三年连续亏损的情形，就要带上退市预警 "*ST" 的帽子。一旦公司股票被 "ST 处理"，上市公司及其股东将承担很大的经济损失，这类公司经营情况一旦继续恶化，就会遭到处罚、管制或摘牌的处理。按照信号传递理论，ST/*ST 公司为了掩饰自己的财务危机，就更有动力操纵利润以粉饰经营业绩，向投资者和监管者传递公司经营业绩良好的虚假信息，从而达到蒙蔽投资者和摘帽的目的。鉴于此，ST/*ST 公司信息可信度可能会大打折扣，网络会计信息虚假披露也在所难免。

但从监管的角度看，近年来国内外的证券监管机构都加强了对信息披露的监管。我国 ST/*ST 公司不仅受到更加严格的监管，ST 制度同时给上市公司带来被重组的压力、经理人声誉下降、投资者 "用脚投票" 等问题，无形中增加了市场对上市公司的约束力度，盈余平滑的 "空子"

不再好钻或者说已经失去了平滑盈余的机会。所以对于处在更严格监管环境下的 ST 类上市公司而言，其信息披露活动也受到更多约束，盈余平滑或许并不容易实现。因此，笔者提出以下假说：

H5 - 2：ST/﹡ST 状态的上市公司网络会计信息披露真实度较低，但其盈余平滑的机会较少。

2. 再融资资格的监管

在证券市场制度设计不断完善的同时，对配股资格的条件也在不断调整。1996 年以前的配股条件相对宽松，要求公司连续两年盈利；1996 年证监会规定，上市公司要发行新股必须达到最近三个的净资产收益率均在 10% 以上，属于能源、原材料、基础设施类的公司可以略低，但也不得低于 9%；1999 年证监会对新股发行的条件约束有所放宽，将原来的"连续三年净资产收益率均在 10% 以上"改为"最近三年的净资产收益率平均数在 10% 以上，且各年的净资产收益率不得低于 6%"；2001 年证监会又重新发布了最新的配股条件，要求拟配股公司最近三个会计年度的加权净资产收益率不低于 6%。随着配股的条件的不断变化，上市公司的盈余管理临界值也在不断地变化。

此外对于我国的上市公司来说，暂停交易甚至终止交易是最严厉的处罚，因此上市公司在即将可能面临的亏损时，有极大的动机进行盈余管理，造成"微利现象"（见图 4 - 2）①。但是，这种现象很可能并未引起监管部门及投资者的注意，甚至被认为是"好消息"。随着公司收益趋向平稳，股东满意程度将增加，这促使管理者进行收益平滑。我们以净资产收益率 ROE 的波动情况来讨论我国的相关监管制度对网络会计信息披露真实度的影响。本章提出以下假说：

H5 - 3：上市公司 ROE 波动与网络会计信息披露真实度负相关，与盈余平滑度正相关。

3. 企业规模

企业规模与上市公司信息披露的关系在以往研究中并无定论，它的相关性涉及各国的政治、经济及文化背景的差异。

从成本—效益的视角看，大公司信息处理直接成本和行业内的竞争成

---

① 该问题的具体讨论参见本书第四章第一节。

本均较低。规模大的上市公司实力雄厚，能投入巨额资金构建和维护会计信息处理和披露系统，而且其信息生产和披露的边际成本小于效益值；大公司拥有的市场份额大，并不惧怕由于信息披露多招致的竞争劣势；反而期望通过增加信息披露，提高其真实度以减小由于复杂的股权和治理结构带来的代理成本、增加外部融资的机会，获取资本市场的额外收益。

需要注意的是，在我国当前市场经济条件下，政策和监管对企业的生存和经营环境具有非常重大的影响。因此，上市公司的信息披露行为除满足市场需求外，还要考虑国家和政府的要求。对于我国上市公司而言，大规模的上市公司一般承担更多的社会责任和受更多的监管，因为许多规模较大的上市公司本身就由国有企业改制而来，其控股股东和控制权一般为中央政府或地方政府的国资部门，其所有权和剩余索取权的虚位，导致这些上市公司与政府部门有着千丝万缕的联系。政府更愿意关心这些上市公司的税收、环保、就业等社会责任，其政治敏锐性尤为强烈。政府与企业间虽未就具体事项达成显性契约，但大规模上市公司对外披露的会计信息常被用于支持政府现有法令，或成为实施有关新法规的依据。尽管现代经济中几乎所有产业都会受到政府或多或少的管制，但大企业却会因为管制而付出或许影响企业的生存和竞争能力的政治成本。在这种政治背景下，规模较大的上市公司出于效用最大化动机，当需要寻求政府支持时，如需要提高商品或服务价格，企业管理层就会要求降低某年度利润；又如为了获取融资资格而提升某些年份的会计盈余。而为规避政府和社会的过分关注，通常则采取"削峰填谷"收益平滑的行为，将高收益年份的利润指标降低，填补到低收益年份。

在考虑公司规模与网络会计信息披露真实度影响问题时，本章又提出如下假说：

H5－4：企业规模越大其网络会计信息披露真实度越高，盈余平滑度越高。

（三）独立审计

1. 审计事务所规模

外部审计是独立于投资者与管理者的第三方会计信息质量的评价者。依靠其独特的专业知识为上市公司会计信息提供鉴证服务，对其披露的会计信息是否公允、合法、符合会计准则的规定签署审计意见。外部审计在证券市场扮演着"信号显示"和"保险功能"的角色，专业公正无私的审计师既可约束上市公司管理层的会计信息处理方式和内容，也可督促其充分披露真实透明的会计信息，是证券市场和谐运行的又一保障。

审计领域一直存在这样的争议，即会计师事务所的规模大小在多大程度上决定审计质量。在美国，审计市场高度集中于"四大"事务所，争议围绕着"规模模型"和"声誉模型"，区分的"四大"与"非四大"在审计质量上是否存在系统性差异。代理理论认为，独立审计能够减小管理层和投资者之间的利益冲突①。

上市公司聘请高质量独立审计的目的在于向外界传递其正面形象以求投资者的认可。由于规模越大的会计师事务所客户多，对客户的经济依赖性相对较弱，表现出更多的独立性和注重声誉的倾向②，被认为审计质量较高。基于美国市场的审计研究，发现国际四大提供了高质量的审计③，我国也有许多类似的研究结论，认定"国际四大"所审计的财务报告具有更高的可靠性④。

但是，美国市场的法律制度环境与我国迥异，审计质量的决定因素也与我国截然不同⑤，来自美国的经验是否绝对在中国实用呢？

自 2001 年以来，我国引进德勤、安永、毕马威和普华永道等国际知名会计师事务所对上市公司中的金融板块、IPO 及再融资活动进行审计以来，"四大"会计事务所在中国资本市场的业务蒸蒸日上，业务遍及证券市场各个行业。但与美国资本市场⑥的配套制度安排不同，我国资本市场

---

① Jensen, M., and W. Meckling, Theory of the Firm: Managerial Behavior, Agency Costs and Ownership Structure. *Journal of Financial Economics*, 1976 (10): 305 – 360.

② De Angelo, L. E., Auditor Size and Auditor Quality. *Journal of Accounting and Economics*, 1981 (3): 183 – 199.

③ Teoh, S. H., and T. J. Wong, Perceived Auditor Quality and the Earning Response Coefficient. *The Accounting Review*, 1993, 68: 346 – 367.

④ 漆江娜、陈慧霖、张阳：《事务所规模、品牌、价格与审计质量——国际"四大"中国审计市场收费与质量研究》，《审计研究》2004 年第 3 期。

⑤ Francis, Jere, What do We Know about Audit Quality? *The British Accounting Review*, 2004 Vol. 36: 345 – 368.

⑥ Kothar, I. Lys, Smith, Watts, Auditor's Liability and Information Disclosure. *Journal of Accounting, Auditing and Finance* 1988 (3): 307 – 339.

上审计业务原本较为分散，竞争激烈，但法律风险却一直偏低。而与国内所相比，国际"四大"会计事务所在中国资本市场上的法律风险更低①。

"四大"会计事务所在我国的登录政策主导和强制色彩浓厚，"四大"会计事务所在我国运作的法律制度环境松懈，故部分学者质疑"四大"会计事务所在中国的审计质量②③。就盈余平滑度来说，其会像在美国资本市场一样的受到瞩目吗？这需要进一步检验。故本章提出如下假说：

H5-5：聘请"四大"会计事务所的上市公司网络会计信息披露真实度更高，盈余平滑度须检验。

2. 审计报告意见

按照注册会计师发表意见或无法发表意见，审计报告可分为无保留意见的审计报告（包括标准无保留意见的审计报告和带强调事项段的无保留意见的审计报告）、保留意见的审计报告、否定意见的审计报告和无法表示意见的审计报告。事实上，监管部门对上市公司的监管过程也是信息不对称的，相当多的时候监管是依据专业的第三方审计报告结论和上市公司的披露行为是否符合规范来作判断。显然，被出具无保留意见的上市公司的信息披露质量被认为更好。但是，从盈余平滑度的角度来看，经过平滑的收益虽然不真实，但却"好看"，企业及其契约各方如股东、投资者、注册会计师甚至会计准则制定机构形成共赢的平衡局面。故本章再提出假说：

H5-6：审计意见越好的上市公司网络会计信息披露真实度越高、盈余平滑度较高。

（四）债权人监督

当债务人从债权人处借入资金后，就形成了委托—代理关系。委托—代理理论将现代企业的代理关系定义为一种契约关系。代理关系的本质体现为各方经济利益关系，委托方的债权人尽管可以优先于股东得到偿债，

① 刘峰、许菲：《风险导向型审计·法律风险·审计质量——兼论"四大"在我国审计市场的行为》，《会计研究》2002年第2期。
② 原红旗、李海建：《会计师事务所组织形式、规模与审计质量》，《审计研究》2003年第1期。
③ 刘峰、周福源：《国际四大意味着高审计质量吗——基于会计稳健性角度的检验》，《会计研究》2007年第3期。

但是债权人并不拥有企业的控制权和剩余索取权，只期望到期安全地收回本金加约定的利息。但当债权人的资金一旦进入企业，由信息不对称导致的道德风险急剧上升，资金风险放大，特别当企业的负债率较高时，债权人与股东及管理层的利益冲突或许更大。故而大的债权人从保护自身的权益出发，会与代理人共同订立各种形式契约，并且建立相应的契约监督管理机制，促使代理人采取适当的行动，防止代理人作出有损自己利益的经营和财务决策行动，最大限度地增加自己的利益。如债权人会在合同中增加限定资金用途、以流动比率等财务指标作为契约履行标准等保护性条款。对债权人披露更多会计信息有助于降低债权人的危机感，因此高负债且有"好消息"的公司有动力披露更多更真实的会计信息以缓解代理冲突。

从委托—代理关系形成的债务契约看，我国与发达国家存在差异。我国企业债券市场不够发达，债券市场是以银行为主要债权方。而各地上市公司由于地方政府支持大多能够得到地方国有银行的支持，银企间债权债务关系扭曲，债权人债务约束力软，难以对公司决策施加有效影响。但是，随着金融改革的推进，国有和股份制银行的风险意识加强，由于银行在债券市场的垄断地位致使其在获取债务人信息上具有更低的成本，以维护自身利益并有效地监管借款人。

收益平滑传递企业平稳运行的信息给信息使用者，可以混淆债权人的视听，弱化对借款企业的监管。上市公司管理者利用这种管理选择或是会计选择影响债务人市场决策，而债务人或许也为观察到上市公司收益的稳步增长而庆幸。基于此，本章提出以下假说：

H5-7：具有高负债率的上市公司其网络会计信息披露真实度高，盈余平滑度较高。

（五）行业竞争

由于专有权成本在行业间存在差异，高度市场化的行业常常竞争激烈，处于这样行业的上市公司为避免专有信息的泄漏引致的竞争劣势而在信息披露上更为保守；而且竞争越激烈的行业，上市公司越期望向投资者传递公司更多"好消息"，以表现其具有良好的盈利能力和增长能力，但并非每个企业真的能保证在每一时刻都具有持续增长的能力，当经营出现暂时困难时，选择向市场传递虚假信息必然导致信息披露真实度降低。

反之，处于垄断度高行业的上市公司，由于市场环境的天然屏障或者进入门槛的设置，其规模大、获利高、顾虑竞争成本少而政治成本多，有动机披露更多真实的信息，但同时，垄断的公司一般规模大，而规模大的公司为规避政治成本，具有平滑盈余的动机。因此本章提出如下假说：

H5 - 8：处于垄断地位的上市公司网络会计信息披露真实度高，盈余平滑度高。

第二节　外部规制影响因素数据检验模型

一　数据来源及变量选择

（一）样本与数据来源

本章的样本来自第三章，为深交所 2006 年 483 个、2007 年 495 个、2008 年 547 个，三年共计 1525 个有效样本。本章使用的外部规制数据取自巨灵资讯网，笔者对其中部分数据进行了计算和处理。

（二）因变量

本章要考察的因变量为上一章构建的网络会计信息披露评价指标，包括网络会计信息披露真实度总评价（Y）、强制网络会计信息披露真实度（深交所考评）（Y_1）、自愿网络会计信息披露真实度（网站考评）（Y_2）及网络会计信息披露真实度财务特征（盈余平滑度）（Y_3）四个，分别用 Y、Y_1、Y_2、Y_3 表示。

（三）自变量

自变量有上市状态是否 ST、审计事务所、审计报告状况、净资产收益率的波动、是否同时发行 B 股或者 H 股、行业垄断、公司规模、资产负债率 8 个，分别用 X_1、X_2、X_3、X_4、X_5、X_6、X_7、X_8 表示。

上市状态（X_1），用以检验市场监管对网络会计信息披露真实度的影响，上市公司处于 $ST/ ^* ST$ 状态时 X_1 取值为 1，否则为 0。

审计事务所（X_2），用以考察审计事务所规模对网络会计信息披露真实度的影响，上市公司聘请 "四大" 作为其主审会计师事务所，则 $X_2 = 1$，否则取 0；

　　审计报告状况（X_3），用以考察审计报告的等级对网络会计信息披露真实度的影响，$X_3 = 4$，为无保留意见；$X_3 = 3$，为保留意见；$X_3 = 2$，为否定意见；$X_3 = 0$，为无法表示意见。

　　净资产收益率的波动（X_4），用以考察融资资格和特别处理导致的收益波动对网络会计信息披露真实度的影响，X_4 为上市公司前三年的 ROE 值的均方差。

　　是否同时发行 B 股或者 H 股（X_5），用以考察不同会计准则对网络会计信息披露真实度的影响，若上市公司同时发行 B 股或者 H 股，变量 $X_5 = 1$，否则取 0。

　　行业垄断（X_6），用以考察行业垄断情况对网络会计信息披露真实度的影响，按照证监会颁布的《上市公司行业分类指引》分行业计算的反映市场集中度的综合指数——赫芬达尔指数（HHI）来衡量公司所处行业的市场竞争程度，其中由于制造业公司较多，按二级类别计算其竞争指数。其计算公式如下：

$$X_6 = HHI = \sum_{i=1}^{n} (M_i/M)^2 \qquad M = \sum_{i=1}^{n} M_i \qquad (5.1)$$

　　其中，M_i 为上市公司 i 的主营业务收入，n 为某年度某行业上市公司的个数。

　　当某行业内相同规模的企业多，行业内竞争激烈时，HHI 指数小；反之行业集中度高，该行业的市场收入被少数企业所垄断时，HHI 指数大。

　　公司规模（X_7）。用以考察公司规模大小对网络会计信息披露真实度的影响，本章取上市公司资产规模即公司期末资产总值来表示。

　　资产负债率（X_8），用以检验债权人约束机制对于网络会计信息披露真实度的影响。

二　数据检验模型设计

本章在分析外部规制因素对网络会计信息披露真实度总评价影响的同时，也分别讨论了这些因素对强制网络会计信息披露真实度（深交所考评）、自愿网络会计信息披露真实度（网站考评）、网络会计信息披露真实度财务特征（盈余平滑度）的影响。因为盈余平滑的隐蔽性与特殊性，增加了强制网络会计信息披露真实度（深交所考评）与财务特征指标（盈余平滑度）的检验模型。所以，本节采用以下五个模型对样本进行分析。

网络会计信息披露真实度总评价影响因素检验模型：

$$Y = \beta_0 + \beta_1 X_1 + \beta_2 X_2 + \beta_3 X_3 + \beta_4 X_4 + \beta_5 X_5 + \beta_6 X_6 + \beta_7 X_7 + \beta_8 X_8 \quad (5.2)$$

强制网络会计信息披露真实度（深交所考评）影响因素检验模型：

$$Y_1 = \beta_0 + \beta_1 X_1 + \beta_2 X_2 + \beta_3 X_3 + \beta_4 X_4 + \beta_5 X_5 + \beta_6 X_6 + \beta_7 X_7 + \beta_8 X_8 \quad (5.3)$$

自愿网络会计信息披露真实度（网站考评）影响因素检验模型：

$$Y_2 = \beta_0 + \beta_1 X_1 + \beta_2 X_2 + \beta_3 X_3 + \beta_4 X_4 + \beta_5 X_5 + \beta_6 X_6 + \beta_7 X_7 + \beta_8 X_8 \quad (5.4)$$

网络会计信息披露真实度财务特征（盈余平滑度）影响因素检验模型：

$$Y_3 = \beta_0 + \beta_1 X_1 + \beta_2 X_2 + \beta_3 X_3 + \beta_4 X_4 + \beta_5 X_5 + \beta_6 X_6 + \beta_7 X_7 + \beta_8 X_8 \quad (5.5)$$

强制网络会计信息披露真实度（深交所考评）与网络会计信息披露真实度财务特征（盈余平滑度）关系检验模型：

$$Y_1 = \beta_0 + \beta_1 Y_3 \quad (5.6)$$

第三节　外部规制影响因素数据检验及结果分析

一　描述性统计及结果分析

表 5-1 为样本各变量的描述性统计结果。网络会计信息披露真实度总评价（Y）1525 个样本平均得分 3.3807；强制网络会计信息披露真实度（深交所考评）（Y_1）1525 个样本平均得分 3.6564；自愿网络会计信息披露真实度（网站考评）（Y_2）1525 个样本平均得分 3.3488；均处于合格水平。网络会计信息披露真实度财务特征（盈余平滑度）（Y_3）1525 个样本的平均得分为 1.9426，其最小值接近于 0，最大值 602.5845，差距颇大。

样本中 $ST/^*ST$ 公司比例为 8.0656%，选择"四大"会计师事务所的比例为 4.918%，被出具"无保留意见"的上市公司比例为 96.656%，是否同时发行 B 股或 H 股的上市公司比例为 9.4426%。

上市公司净资产收益的波动情况（X_4）均值为 13.7212，最小值 0.0321，最大值 998.9370。说明 2006—2008 年样本公司的净资产收益波动幅度较大，这与 2006—2008 年的流动性异常不无关系。

表 5 - 1　　　　　　　　　　　数据描述性统计

	均值	最小值	中位数	最大值	标准差	占比（%）	样本数
Y	3.3807	1.0000	3.3993	5.0000	0.6910	—	1525
Y_1	3.6564	1.0000	4.0000	5.0000	0.8197	—	1525
Y_2	3.3488	1.0000	3.9344	5.0000	1.5305	—	1525
Y_3	1.9426	0.0046	0.5666	602.5845	16.9065	—	1525
X_1	0.0807	0.0000	0.0000	1.0000	0.2724	8.0656	1525
X_2	0.0492	0.0000	0.0000	1.0000	0.2163	4.9180	1525
X_3	3.9266	0.0000	4.0000	4.0000	0.4595	96.656	1525
X_4	13.7212	0.0321	3.5922	998.9370	53.4550	—	1525
X_5	0.0944	0.0000	0.0000	1.0000	0.2925	9.4426	1525
X_6	0.0686	0.0197	0.0412	0.8422	0.0898	—	1525
X_7	3170938027	1942958	1437314855	100094467908	6507094586	—	1525
X_8	143.1051	1.8299	53.0255	87725.5935	2306.6444	—	1525

注：Y 表示网络会计信息披露真实度总评价；Y_1 表示强制网络会计信息披露真实度（深交所考评）；Y_2 表示自愿网络会计信息披露真实度（网站考评）；Y_3 表示网络会计信息披露真实度财务特征（盈余平滑度）；X_1 表示上市状态是否 ST；X_2 表示审计事务所；X_3 表示审计报告状况；X_4 表示净资产收益率的波动；X_5 表示是否同时发行 B 股或者 H 股；X_6 表示行业垄断；X_7 表示公司规模；X_8 表示资产负债率。

　　行业垄断的系数 HHI（X_6）的均值较小，说明我国证券市场的行业总体上处于高度竞争状态，但其最大值达到 0.8422 的高垄断状态，最小值 0.0197 则趋向完全竞争状态，表明不同行业之间的竞争状态差异较大。

　　资产负债率（X_8）均值为 143.1051，说明除在证券市场融资外，负债仍然在样本公司资本结构中占有重要地位，但上市公司间的负债情况差距却很大，最大值达到 87725.6，极其不正常，而最小值只有 1.8299，基本无负债。

二　相关性检验及结果分析

　　表 5 - 2 为了样本各变量间的皮尔森和斯皮尔曼（Pearson and Spearman）相关性系数，其中上三角部分是斯皮尔曼系数，下三角部分是皮尔森系数。以下结合皮尔森和斯皮尔曼相关系数进行说明。

表 5 - 2　　深交所考评、平滑度与影响因素相关系数表

	Y	Y_1	Y_2	Y_3	X_1	X_2	X_3	X_4	X_5	X_6	X_7	X_8
Y		0.579**	0.282**	0.650**	-0.023	0.110**	0.047	0.156**	0.072**	-0.015	0.141**	-0.126**
Y_1	0.658**		0.194**	-0.109**	-0.243**	0.124**	0.181**	-0.231**	0.046	0.029	0.258**	-0.133**
Y_2	0.304**	0.207**		-0.095**	-0.176**	0.153**	0.099**	-0.186**	0.048	0.035	0.216**	-0.074**
Y_3	0.062*	-0.043	0.002		0.231**	-0.017	-0.151**	0.479**	0.041	-0.046	-0.097**	-0.014
X_1	-0.054*	-0.261**	-0.195**	0.139**		-0.045	-0.319**	0.309**	0.036	-0.017	-0.235**	0.155**
X_2	0.105**	0.121**	0.132**	-0.007	-0.045		0.009	-0.062*	0.372**	0.045	0.251**	0.004
X_3	0.056*	0.173**	0.109**	-0.071*	-0.257**	0.003		-0.170**	-0.103**	0.058*	0.114**	-0.208**
X_4	-0.003	-0.175**	-0.086**	0.170**	0.193**	-0.037	-0.071*		-0.008	-0.034	-0.128**	0.248**
X_5	0.068**	0.048	0.025	-0.014	0.036	0.372**	-0.100**	-0.020		-0.044	0.119**	-0.013
X_6	-0.037	0.008	-0.033	0.040	0.012	-0.019	0.020	0.003	-0.061*		0.069**	0.001
X_7	0.157**	0.197**	0.152**	-0.016	-0.092**	0.363**	0.013	-0.054**	0.248**	-0.004		0.149**
X_8	0.000	-0.032	-0.060*	0.046	0.111**	-0.009	-0.268**	0.013	0.010	-0.002	-0.015	

* * 表示在 1% 水平显著相关；* 表示在 0.05% 水平显著相关。

注：上三角为斯皮尔曼相关系数，下三角为皮尔森相关系数。Y 表示网络会计信息披露真实度总评价；Y_1 表示强制网络会计信息披露真实度（深交所考评）；Y_2 表示自愿网络会计信息披露真实度（网站考评）；Y_3 表示网络会计信息披露真实度财务特征（盈余平滑度）；X_1 表示上市状态是否 ST；X_2 表示审计事务所；X_3 表示审计报告状况；X_4 表示净资产收益率的波动；X_5 表示是否同时发行 B 股或者 H 股；X_6 表示行业垄断；X_7 表示公司规模；X_8 表示资产负债率。

（一）因变量间的相关性

网络会计信息披露真实度总评价（Y）由强制网络会计信息披露真实度（深交所考评）（Y_1）、自愿网络会计信息披露真实度（网站考评）（Y_2）；网络会计信息披露真实度财务特征（盈余平滑度）（Y_3）三个部分组成，自然 Y 与 Y_1、Y_2、Y_3 之间在 1% 水平显著正相关，结合第三章表 3-1 的权重，斯皮尔曼系数似乎更为合理。笔者特别观察了子因变量 Y_1、Y_2、Y_3 之间的相关性，发现一个奇怪的现象：Y_3 居然与 Y_1、Y_2 在 1% 水平分别显著负相关，说明监管部门的考评并未考虑甚至反向思考盈余平滑的问题，上市公司自身当然也乐得如此。而 Y_1、Y_2 在 1% 水平显著正相关则表明强制信息披露完成较好的上市公司自愿信息披露工作也做的较好。

（二）会计准则

中国公司双重上市顺序与国际惯例截然相反，即中国公司是从制度较为成熟的境外资本市场回归到相对不够完善的境内资本市场发行股票实现双重上市的。在这种情况下，双重上市行为是否仍然能够成为一种显示公司高质量的信号？如果这种信号确实能够将双重上市公司与境内其他低质量公司区分开，那么双重上市公司是否存在利用这一信号在回到境内发行 A 股时获得更高定价的可能？从目前回归 A 股的股票看，在 A 股市场获得更高定价的结论是肯定的。

从表 5-2 看，是否同时发行 B 股或者 H 股（X_5）与网络会计信息披露真实度总评价（Y）显著正相关，但与强制网络会计信息披露真实度（深交所考评）（Y_1）、自愿网络会计信息披露真实度（网站考评）（Y_2）及网络会计信息披露真实度财务特征（盈余平滑度）（Y_3）相关性却并不明显。具体分析放在回归检验之后。

（三）市场监管

上市状态是否 ST（X_1）与网络会计信息披露真实度总评价（Y）、强制网络会计信息披露真实度（深交所考评）（Y_1）、自愿网络会计信息披露真实度（网站考评）（Y_2）显著负相关，说明 ST 公司总体网络会计信息披露真实度水平较低，监管部门的考评差，由于没有"好消息"，自愿网络会计信息披露的意愿也不强。上市状态是否 ST（X_1）却与网络会计信息披露真实度财务特征（盈余平滑度）（Y_3）显著正相关，说明 ST 类公司一方面面临内部经营的危机及退市的风险，提供虚假信息披露的目的虽有，但随着证券监管机构对 $ST/\,^{*}ST$ 公司严格的监管，ST 公司较少有机会平滑盈余，或者说，能平滑盈余使其不被 ST 的机会已经失去。

净资产收益率的波动（X_4）变量的设置目的在于考察我国证券管理部门的一些特别制度及其收益导向对信息披露真实度的影响。X_4 与强制网络会计信息披露真实度（深交所考评）（Y_1）、自愿网络会计信息披露真实度（网站考评）（Y_2）显著负相关，说明大幅度的净资产收益率波动并不是监管部门喜爱的，上市公司或许害怕投资者的意见而不愿多透露强制以外的信息。X_4 与网络会计信息披露真实度财务特征（盈余平滑度）（Y_3）显著正相关，说明大幅度 ROE 变动的上市公司其盈余平滑的可能性较小，但 X_4 与网络会计信息披露真实度总评价（Y）的皮尔森与斯皮尔曼符号却相反，有待于进一步检验。

公司规模（X_7）与网络会计信息披露真实度总评价（Y）、强制网络会计信息披露真实度（深交所考评）（Y_1）及自愿网络会计信息披露真实度（网站考评）（Y_2）均显著正相关。但与网络会计信息披露真实度财务特征（盈余平滑度）（Y_3）却显著负相关。说明规模较大的公司网络会计信息披露真实度水平更高，但为了规避政治成本可能具有平滑盈余的动机。

（四）独立审计

会计师事务所是否为"四大"（X_2）及审计意见（X_3）与网络会计信息披露真实度总评价（Y）自愿网络会计信息披露真实度（网站考评）（Y_2）显著正相关，说明审计质量高的上市公司网络会计信息披露真实度水平较高，构建自主网站并自愿披露信息的动力较强。会计师事务所是否为"四大"（X_2）及审计意见（X_3）与强制网络会计信息披露真实度（深交所考评）（Y_1）在 1% 水平显著正相关说明监管机构实际上在考察信息披露质量时也参考独立审计部门的意见，并认定"四大"的审计质量更高。网络会计信息披露真实度财务特征（盈余平滑度）（Y_3）与审计意见（X_3）显著负相关，与会计师事务所是否为"四大"（X_2）的相关性符号为负却不显著，说明无论事务所的知名度如何，在审计意见中对于样本公司的盈余平滑度问题都没有引起足够重视，或许"年年有余"真是件好事情。

（五）债权人监督

资产负债率（X_8）与网络会计信息披露真实度总评价（Y）、强制网络会计信息披露真实度（深交所考评）（Y_1）及自愿网络会计信息披露真实度（网站考评）（Y_2）都呈负相关关系，但与网络会计信息披露真实度财务特征（盈余平滑度）（Y_3）关系却不明显。初步说明负债率高的上市公司披露的网络会计信息真实度并不一定高，尽管有债权人特别是银行的监督。

（六）其他相关性

上市状态是否 ST（X_1）与其他变量间的相关系数表明：ST 类公司通常规模较小、负债比例高、净资产收益率在三年内大幅波动，且较少聘请"四大"事务所，被出具的审计报告意见较差。双重上市的公司（B/H）其总资产规模大，有实力聘请"四大"会计事务所，但是被出具的审计报告意见同样较差。

审计事务所；是否"四大"（X_2）与其他变量的相关系数表明：双重上市公司聘请"四大"的较多，处于垄断地位的和总资产规模大的上市公司聘请"四大"事务所较多。而审计意见变量（X_3）却显示资产负债高的上市公司、ROE 波动大的上市公司、双重上市公司的审计意见较差。行业竞争与总资产规模显著正相关，说明规模越大，其垄断地位越强。

三　回归检验及结果分析

表 5 - 3 列示了网络会计信息披露真实度总评价（Y）、强制网络会计信息披露真实度（深交所考评）（Y_1）、自愿网络会计信息披露真实度（网站考评）（Y_2）及网络会计信息披露真实度财务特征（盈余平滑度）（Y_3）与外部规制诸变量间的最小二乘（OLS）回归结果。

（一）会计准则

从回归结果看，双重上市公司（B/H）（X_5）与网络会计信息披露真实度总评价（Y）、强制网络会计信息披露真实度（深交所考评）（Y_1）、自愿网络会计信息披露真实度（网站考评）（Y_2）及网络会计信息披露真实度财务特征（盈余平滑度）（Y_3）相关性均未通过 t 检验，假说 H5 - 1 没有得到验证。说明我国在境外上市回归的 A 股质量并不是绝对比单纯的 A 股高。但是与仅在内地上市的 A 股公司相比，双重上市公司在内地发行 A 股时的定价更高，等额净资产筹集到的资金量更多。即使在公司实际质量没有显著差异的条件下，双重上市公司也能利用"双重上市"身份传递的"高质量公司"信号，在内地资本市场发行 A 股时获得比非双重上市公司更高的估值回报。可见，境外上市公司回归 A 股市场实际上

表 5 – 3　　　　　　　　　　　　回归结果

因变量	网络会计信息披露真实度总评价（Y）				强制网络会计信息披露真实度（Y_1）			
自变量	预测符号	系数	t 统计量	Sig.	预测符号	系数	t 统计量	Sig.
（Constant）		2.763	11.743	0.000		2.476	9.553	0.000
X_1	–	– 0.138	– 1.820	0.069	–	– 0.648	– 7.730	0.000
X_2	+	0.135	1.452	0.107	+	0.177	1.729	0.084
X_3	+	0.147	2.506	0.012	+	0.301	4.647	0.000
X_4	+	0.000	0.778	0.436	+	– 0.002	– 4.739	0.000
X_5	+	0.076	1.117	0.264	+	0.040	0.527	0.598
X_6	+	– 0.300	– 1.517	0.130	+	0.110	0.506	0.613
X_7	+	$1.429E-11$	4.858	0.000	+	$1.856E-11$	5.728	0.000
X_8	+	$8.355E-06$	1.013	0.311	+	$1.359E-05$	1.495	0.135
调整后的 $R^2 = 0.033$，F 统计量 $= 7.164$，Sig. $= 0.000$					调整后的 $R^2 = 0.119$，F 统计量 $= 25.639$，Sig. $= 0.000$			
因变量	自愿网络会计信息披露真实度（Y_2）				网络会计信息披露真实度财务特征（Y_3）			
自变量	预测符号	系数	t 统计量	Sig.	预测符号	系数	t 统计量	Sig.
（Constant）		2.441	4.834	0.000		1.376	1.693	0.091
X_1	+	– 1.006	– 6.161	0.000	+	0.904	3.439	0.001
X_2	+	0.702	3.519	0.000	+	– 0.311	– 0.969	0.333
X_3	+	0.244	1.938	0.053	+	– 0.087	– 0.430	0.667
X_4	+	– 0.001	– 1.643	0.101	+	0.007	5.862	0.000
X_5	+	– 0.109	– 0.744	0.457	+	– 0.114	– 0.482	0.630
X_6	+	– 0.641	– 1.510	0.131	+	– 0.997	– 1.460	0.145
X_7	–	$2.307E-11$	3.656	0.000	–	$1.969E-11$	1.938	0.053
X_8	+	$-4.464E-06$	– 0.252	0.801	+	$-6.941E-06$	– 0.244	0.808
调整后的 $R^2 = 0.063$，F 统计量 $= 13.356$，Sig. $= 0.000$					调整后的 $R^2 = 0.036$，F 统计量 $= 7.758$，Sig. $= 0.000$			

注：Y 表示网络会计信息披露真实度总评价；Y_1 表示强制网络会计信息披露真实度（深交所考评）；Y_2 表示自愿网络会计信息披露真实度（网站考评）；Y_3 表示网络会计信息披露真实度财务特征（盈余平滑度）；X_1 表示上市状态是否 ST；X_2 表示审计事务所；X_3 表示审计报告状况；X_4 表示净资产收益率的波动；X_5 表示是否同时发行 B 股或者 H 股；X_6 表示行业垄断；X_7 表示公司规模；X_8 表示资产负债率。

是出于巨大的融资效应。因此这些企业的回归在促进自身发展和优化境内市场结构的同时，也可能促成对中小投资者利益造成损害的恶意"圈钱"现象的发生。因此，证券监管部门在考虑中国境外上市公司回归境内双重上市政策时，既要制定相关政策积极帮助这些公司通过双重上市方式在境内市场解决直接融资渠道问题，又要在再融资的制度层面上做更详细的规定，尽量杜绝不良企业圈钱行为的发生，在充分考虑境外上市公司再融资需求的同时，最大限度地保护投资者的利益，达到上市公司和投资者"双赢"的效果。

（二）市场监管

上市公司上市状态（$ST/^*ST$）（X_1）与网络会计信息披露真实度总评价（Y）、强制网络会计信息披露真实度（深交所考评）（Y_1）、自愿网络会计信息披露真实度（网站考评）（Y_2）的负相关性均通过1%的t检验，但与网络会计信息披露真实度财务特征（盈余平滑度）（Y_3）的正相关关系也通过1%的t检验。说明其网络会计信息披露真实度总评价及强制网络会计信息披露真实度得分不高，自愿网络会计信息披露动力明显不足，但处于ST/PT状态的上市公司有动机却由于受到更加严格的市场监管和更多的市场关注而无机会作假，无力平滑盈余，与本章的预期相符，假说H5-2得到验证。

2006—2008年上市公司净资产收益率的波动情况（X_4）与强制网络会计信息披露真实度（深交所考评）（Y_1）、自愿网络会计信息披露真实度（网站考评）（Y_2）的负相关关系通过了t检验，与网络会计信息披露真实度财务特征（盈余平滑度）（Y_3）的正相关关系也通过了t检验，但是与信息网络会计信息披露真实度总评价（Y）却得不到相关系数，仔细考察与Y_1、Y_2、Y_3的系数发现这些系数均非常小，正反作用的合力可能导致了Y的不显著。

公司规模（X_7）与网络会计信息披露真实度总评价（Y）、强制网络会计信息披露真实度（深交所考评）（Y_1）、自愿网络会计信息披露真实度（网站考评）（Y_2）、网络会计信息披露真实度财务特征（盈余平滑度）（Y_3）的正相关关系均通过t检验。表明样本公司规模越大网络会计信息披露真实度越高，验证了假说H5-4。

（三）独立审计

审计事务所是否为"四大"（X_2）及审计报告类型（X_3）与网络会计信息披露真实度总评价（Y）、强制网络会计信息披露真实度（深交所考评）（Y_1）及自愿网络会计信息披露真实度（网站考评）（Y_2）的正相关性均通过 t 检验。说明聘请"四大"事务所及审计意见好的样本公司网络会计信息披露真实度高；进一步证实监管部门是注重独立审计的地位和意见的；且这些公司有意愿建设和维护好自己的网站并向投资者披露更多信息。但是，审计事务所是否为"四大"及审计报告类型与网络会计信息披露真实度财务特征（盈余平滑度）（Y_3）负相关却不显著；说明"四大"会计事务所较少考察盈余平滑度问题，独立审计部门出具的报告也不关注平滑度问题。究竟是没有发现盈余平滑的问题，或者因为其他利益相关者较少关注平滑问题而采取视而不见的态度，又或者存在与上市公司的"合谋"行为而否定盈余平滑的存在。联系近年来"四大"在我国频频陷入的上市公司丑闻案，以及国内其他审计事务所的问题，这个问题确实值得单独撰文进一步研究。

（四）债权人监管

资产负债率（X_8）与网络会计信息披露真实度总评价（Y）、强制网络会计信息披露真实度（深交所考评）（Y_1）、自愿网络会计信息披露真实度（网站考评）（Y_2）及网络会计信息披露真实度财务特征（盈余平滑度）（Y_3）都不显著，说明债权人的监督作用并没有充分发挥。

（五）行业竞争

行业垄断（X_6）与网络会计信息披露真实度总评价（Y）、自愿网络会计信息披露真实度（网站考评）（Y_2）及网络会计信息披露真实度财务特征（盈余平滑度）（Y_3）负相关，说明随着行业竞争程度的加剧，上市公司有动力向市场传递更多信号。

最后，我们注意到深交所的信息披露考评结果与盈余平滑的负相关关系（见表 5-4），虽然不显著，却表明监管部门对于盈余平滑的态度。盈余平滑的动机各异，方法多种多样：如采用自愿性会计政策变更来平滑收益[①]；利用

[①]　Cushing, Barry E., An Empirical Study of Changes in Accounting Policy. *Journal of Accounting Research*, 1969 (Autumn): 196－203.

股权激励、研发费用、销售广告费用以及养老金费用等相对稳定的手法平滑各期收益①；巧妙地利用销售收入、生产量、资本支出以及股利等基本变量进行收益平滑②。研究显示经过各种手段后平滑的盈余减少了盈余波动，市场风险的关系由于收益平滑的存在得以缓和③；收益平滑增加了报告盈余的信息价值，经过收益平滑的公司被市场看好，因为稳定的收益序列被认为具有较小的风险④，因而那些进行了收益平滑的公司获得了更高的股票回报率⑤。

表 5 - 4　　　　　网络会计信息披露真实度总评价与网络
会计信息披露真实度财务特征的回归

因变量	Y_1		
自变量	系数	t 统计量	Sig.
（Constant）	3.660	173.348	0.000
Y_3	-0.002	-1.663	0.096
调整后的 R^2 = 0.001，F 统计量 = 2.767，Sig. = 0.096			

注：Y_1 表示强制网络会计信息披露真实度（深交所考评）；Y_3 表示网络会计信息披露真实度财务特征（盈余平滑度）。

但是，收益的平滑就像一把"双刃剑"，一方得利，另一方往往受损。适当使用有积极作用，过度使用也很危险。由平滑收益制造出的企业持续稳定发展的假象一旦难以为继，给投资者带来的损失必然是突兀的、巨大的。当然，在市场经济环境下，收益平滑的存在是客观的，完全消除它不太可能，且不符合经济学上的成本效益原则。但是，监管部门及独立审计部门需要采取一定措施进行治理，将其控制在一定的范围之内是有必要的。

① Beidleman, C. R., Income Smoothing: The Role of Management. *The Accounting Review*, 1973 (October): 653 - 667.

② Lev, B. and S. Kunitzky, On the Association between Smoothing Measures and the Risk of Common Stocks. *The Accounting Review*, 1974 (April): 259 - 270.

③ Moses, O. D., Income Smoothing and Incentives: Empirical Tests Using Accounting Changes. *The Accounting Review*, 1987 (April): 358 - 377.

④ Wang, Zhemin and Williams, Thomas H., Accounting Income Smoothing and Stockholder Wealth. *Journal of Applied Business Research*, 1994, 10 (3): 96 - 104.

⑤ Raul Iniguez and Francisco Poveda, Long - run Abnormal Returns and Income Smoothing in the Spanish Stock Market. *European Accounting Review*, 2004 (May): 105 - 130.

第四节　稳健性检验

稳健性检验的目的在于，考察就是当条件发生变化时，理论和变量对某一问题或现象仍然具有稳定的解释力。

为了对外部规制影响因素的稳定性进行检验，笔者将整个样本期2006年1月至2008年12月共36个月按不同市场态势分为牛市时期2006年1月1日至2007年12月31日和熊市时期2008年1月1日至2008年12月31日，利用回归方程5.2分样本期进行回归分析，以此检验整个样本的稳健性。稳健性检验结果见表5-5。总体来看，稳健性检验结果与上述结论基本相同，进一步验证以上结论，在此不予详述。

表5-5　　　　　　　　　　　稳健性检验

时期	2006年1月1日至2007年12月31日				2008年1月1日至2008年12月31日			
因变量	Y				Y			
自变量	预测符号	系数	t统计量	Sig.	预测符号	系数	t统计量	Sig.
(Constant)		3.107	10.012	0.000		2.543	6.667	0.000
X_1	−	−0.125	−1.266	0.083	−	−0.070	−0.568	0.057
X_2	+	0.129	1.054	0.097	+	0.137	0.975	0.033
X_3	+	0.048	0.620	0.052	+	0.286	3.093	0.002
X_4	+	0.000	0.964	0.335	+	0.000	0.780	0.436
X_5	+	0.084	0.984	0.325	+	0.063	0.562	0.574
X_6	+	−0.423	−1.888	0.059	+	0.118	0.283	0.001
X_7	+	$1.390E-11$	3.115	0.002	+	$1.576E-11$	4.064	0.000
X_8	+	$4.405E-06$	0.508	0.612	+	−0.005	−3.470	0.777
	调整后的$R^2=0.102$，F统计量$=15.331$，Sig.$=0.000$				调整后的$R^2=0.072$，F统计量$=6.083$，Sig.$=0.000$			

注：Y表示网络会计信息披露真实度总评价；X_1表示上市状态是否ST；X_2表示审计事务所；X_3表示审计报告状况；X_4表示净资产收益率的波动；X_5表示是否同时发行B股或者H股；X_6表示行业垄断；X_7表示公司规模；X_8表示资产负债率。

第五节　本章小结

本章选择第四章的网络会计信息披露真实度总评价（Y）结果为因变量，利用 2006—2008 年深交所上市公司数据，考察了上市公司外部治理机制对于网络会计信息披露真实度的影响。在考察总评价的外部影响因素的同时，也考察了 Y 的组成因子强制网络会计信息披露真实度（深交所考评）（Y_1）、自愿网络会计信息披露真实度（网站考评）（Y_2）及网络会计信息披露真实度财务特征（盈余平滑度）（Y_3）与外部规制各因素之间的关系。由于盈余平滑的隐蔽性及利益相关者对其的特别态度，本章专门分析了 Y_3 的影响因素及与其他因变量的差异。主要内容如下：

本章从会计准则、市场监管、独立审计、债权人监督及行业竞争几个方面研究了可能影响上市公司信息披露真实性的外部规制因素。主要内容有：

（1）利用深交所的样本数据，对会计准则因素（X_5）与 Y、Y_1、Y_2、Y_3 分别进行了相关与回归分析，结果表明会计准则不同对上市公司信息披露真实性影响并不显著。

（2）利用深交所的样本数据，对市场监管因素（X_1、X_4、X_7）与 Y、Y_1、Y_2、Y_3 分别进行了相关和回归分析，结果表明受到更严格市场监管的上市公司网络会计信息披露真实度水平较低；但平滑盈余机会相对较少。中国证券市场的上市发行、增配股、ST 等使得上市公司有动机平滑盈余，且上市公司 ROE 波动越大，信息披露考评分数越低、自愿披露信息的动力越差。此外，样本中的公司规模越大网络会计信息披露真实度水平越高。

（3）利用深交所的样本数据，对独立审计（X_2、X_3）与 Y、Y_1、Y_2、Y_3 分别进行了相关和回归分析，结果表明事务所规模越大、出具的审计意见越好，网络会计信息披露的真实度越强，但盈余平滑程度可能也更强。

（4）利用深交所的样本数据，对债权人监督（X_8）与 Y、Y_1、Y_2、Y_3

分别进行了相关和回归分析，结果表明债权人的监督作用并没有充分发挥。

（5）利用深交所的样本数据，对行业竞争程度（X_6）与 Y、Y_1、Y_2、Y_3 分别进行了相关和回归分析，结果表明行业竞争程度对网络会计信息披露质量并无显著影响。

（6）笔者特别对 Y_1、Y_3 进行了回归分析，它们的负相关关系表明监管部门对于盈余平滑度问题是不够重视的。

（7）笔者将整个样本期按不同市场态势分为牛市时期和熊市时期，利用回归方程 5.2 分样本期进行回归分析，检验了整个样本的稳健性。

第六章 网络会计信息披露真实度公司治理影响因素分析

网络会计信息披露真实度的影响因素既包括制度因素，也包括人为因素。公司治理结构研究的是企业内部制度安排的问题，这种制度安排合理与否直接影响企业绩效及其信息披露真实度。公司治理主要包括企业组织结构的安排、管理层的管理能力与经理层的激励与控制等问题。本章继续以第三章的网络会计信息披露真实度综合评价结果及各子因子为对象，研究公司内部治理对网络会计信息披露真实度的影响。

第一节 理论分析与假说提出

我国证券市场上许多上市公司由原国有企业改制而来，早期的股份制公司虽然设立了"三会制度"，却并没有建立起有效的治理结构，形式多于实质，没有真正地履行监督职能。《公司法》、《独立董事指导意见》及《中国上市公司治理规则》等法律规范推动了上市公司治理结构的完善。2007年中国证监会启动的公司治理专项活动，使得国内上市公司独立性问题得到一定程度的改善，"三会"运作的规范性和有效性明显提高。

一 董事会治理

董事会是公司治理的核心。在委托代理关系中，董事会对上代理股东对公司行使管理权和控制权；对下对经理层实施监督和控制。董事会将产权所有者与经营者连接起来，是解决管理层和股东代理冲突的重要机制。其治理效果直接影响着公司业绩与股东利益。董事会在行使控制权的同时，必然会影响财务报告流程，进而会影响网络会计信息披露的真实度。

董事会对管理层的监督和指导效用取决于其独立性、勤勉性和专业性，这些特征直接影响到董事会治理的有效性。在某种意义上，由于董事会的监督，能够加大管理层不实披露的隐性成本，有助于扼制其机会主义行为，从而对公司网络会计信息披露真实度起到保障作用。

（一）独立性

董事会被赋予的解决代理问题的职能，其独立性是上市公司内部人与外部股东博弈的结果。国内外研究大多推崇独立的董事会能更好地行使监督职能，即认定董事会的有效性是其独立性的增函数。我国证券市场股权性质和结构较为特殊，独立于大股东或内部人的董事会对强化公司内部制衡机制显得更为重要。

但是董事会的独立性却难以找到恰当的量化指标，只能以其表象特征如独立董事的比例、高级管理层（特别是 CEO）与董事会的关系作为考察对象。

在委托—代理关系中，代理人通常具有信息优势，拥有许多外部股东不了解的"内幕消息"，为防范管理层的机会主义行为，由独立于管理层的董事监督企业的经营决策行动，保证上市公司遵循法定要求披露信息，减少虚假信息披露行为显得尤为重要。

独立董事履行监督职能取决于其个人知识、能力和品质，也受到该职能给企业带来的成本—效益的约束。只有当董事会监督收益大于监督成本时，独立性较强的董事会才有存在和发展的必要，不考虑需求和效用单纯地从独立性评价董事会是存在片面性的。即使独立董事数量够多，但是想真正独立地发挥作用，还需具备相当的专业知识、沟通能力与奉献精神，更大的障碍还在于独立董事并不参加公司日常管理，如果管理层有目的地误导独立董事相信其披露的会计信息的真实性，独立董事要核实就必须付出巨大努力与成本。

近年来世界范围的公司舞弊案使得广大投资者对独立董事的作用提出了质疑，但是独立董事的作用还是得到了市场监管部门包括我国监管层的广泛承认。例如，NYSE 和 NASDAQ 要求上市公司审计委员会至少包括 3 名独立董事；香港联交所要求香港上市公司到 1994 年年底至少要有 2 名独立非执行董事，并规定上市公司的外部董事一要监督公司对法律法规和董事会政策的遵循，二要确保公司管理当局对外披露信息的正确。中国《独立董事指导意见》规定上市公司董事会成员中应当至少包括 1/3 独立董事。

基于国内外已有研究结果和中外监管层的态度，本章提出如下假说，但暂不做方向上的预测，以数据检验结果进行分析：

H6 - 1：上市公司董事会中独立董事比例对网络会计信息披露真实度有影响。

董事会的独立性还体现在董事会的首脑董事长与管理层的首脑总经理之间的关系上。一般认为，正常的公司治理结构是由股东大会选举出董事会对管理层进行监督和指导，董事长与总经理两职分离是保证董事会正常行使监督职能的必要条件。如果两职合一，则意味着董事长具有决策和监督的双重身份——既是裁判员又是运动员，监督的真空可能导致集权力于一人，更多地追求自身福利，损害广大股东利益的机会主义行为。基于此，原国家经贸委在《国有大中型企业建立现代企业制度和加强管理的基本规范（试行）》中规定，董事长和总经理原则上不得由一人兼任。

不过，现有研究对董事长和总经理两职合一的作用也存在相反观点，实际上有不少上市公司的董事长也是由总经理兼任的。这样做，主要观点有二：一是从现代管理理论的视角看，代理理论假定总经理的机会主义倾向并非全是不合理的，职业的经理人是注重自己的尊严和声誉的，一份热爱的工作及其对事业成就的追求会促使经理们努力工作，依据市场环境制定和实施稳定的中长期发展战略，提高创新和开拓能力，成为公司资产的好"管家"。二是基于资源依赖理论的视角，环境的不确定性决定着董事会监督与指导的不确定性。董事长与总经理两职是分还是和，要根据企业具体面对的环境来确定。

由于各国证券市场的发育程度、公司的治理环境存在较大的差异，目前对两职合一对于信息披露特别是网络会计信息披露的作用并无定论，笔者认为，两职合一与否对网络会计信息披露的影响或许应该是间接的，不论是否合一，如果公司经营得好，网络会计信息披露的真实度相对较高；反之则较低。为此，提出的以下假说暂且不做方向上的预测：

H6 - 2：董事长与总经理两职合一与网络会计信息披露真实度相关。

（二）专业性

独立董事的工作专职的少、兼职的多，与管理层信息严重不对称，以自己的从业经验判断事情的多，对公司具体问题给出建议的少。从这个意义上看，具有专业知识的董事才真正具有监督管理层的能力。现行英、美国家的一项有关董事会结构的普遍方案就是："在董事会内部设立专门委员会来履行职责。专门委员会准许董事在一定的擅长领域内发挥作用并让他们在这些领域内负有决策责任，这种处理被认为可以转换权力，至少在这些领域内可以使专门委员会成员摆脱总经理的控制。"①

英、美国家上市公司的专业委员会有很多种，其中较为重要的有审计委员会、提名委员会、酬薪委员会和战略委员会②，本书简称为"四委"。我国《上市公司治理准则》规定，上市公司董事会中可设立专业委员会，但设立并不具有强制性。

审计委员会作为董事会下的重要专业委员会，由于20世纪北美发生的几起引起公众高度关注的欺诈和公司破产案，英国、美国、中国香港等地证券市场纷纷要求上市公司成立审计委员会，并在中报和年报中陈述遵循了有关审计委员会的守则或未能遵循的原因。审计委员会通常由具备财务或会计背景的外部董事参加，它与内部审计部门及外部审计人员独立沟通，通过对财务报告的独立审核监督上市公司信息披露的质量和充分公允性。

上市公司由大股东直接推荐或由总经理操纵人选的董事及高管产生机制已不再适应完善公司治理的要求，为使董事的人事任免远离公司控股股东和"内部人"的意志影响，防止使董事会发展成为一个利益交易的"俱乐部"，董事的提名和选任问题越来越受到各方的关注。为了规范公司领导人员的产生，优化董事会组成，完善公司治理结构，世界各国的许多公司都在其董事会中设置了提名委员会，由其负责制定董事会和管理层相关人员的选择标准和程序，提名候选人并监督选举程序，确保被选出相关成员的合法性，日常则对任职的董事、CEO及其他高级管理人员的工作进行评价，以确定现有成员是否尽职。

---

① ［美］玛格丽特·M. 布莱尔：《所有权与控制》，中国社会科学出版社1999年版。
② 王芳：《上市公司治理准则——董事会专门委员会》，《审计月刊》2007年第11期。

尽管不乏为声誉和成就感努力工作的职业经理人，但在理性经济人的假设下，报酬仍然是让雇佣者努力工作的最大动力。薪酬委员会设立的目的在于制定各层级人员的考核标准和一般酬薪及特定酬薪政策，和提名委员会共同努力引进和留用优秀的管理人员，同时向广大投资者披露相关政策。

上市公司成立战略委员会的目的在于强化其战略决策能力。包括对长期发展战略、重大投融资决策及年度预决算等影响重大的项目进行研究并提出建议，为上市公司的正确决策提供专业支持。

一般认为，专业委员会能够有效减少上市公司代理成本、提高上市公司网络会计信息披露的真实度①。因此本章提出如下假说：

H6 - 3：设立专业委员会的个数与网络会计信息披露真实度正相关。

（三）勤勉性

董事会对网络会计信息披露的监督还受到其成员特别是专业成员勤勉性的影响。董事会的勤勉性表现为董事会会议次数、参会人员投入的精力与专注程度等方面，除了会议次数外其他方面不易量化，因此相关研究多采用董事会的开会次数来作为替代变量。

董事会努力的为上市公司工作是证券市场管理者和投资者的共同期望，从心理学的视角看，董事会的勤勉性能够向市场传递其披露的信息经过了更多的考核，因而是更可靠的"信号"。尽管预期与事实有时也存在偏差，但本书支持更加勤勉的董事会有助于公司内部控制机制的完善，促使公司进行网络信息披露更真实的观点，故提出如下假说：

H6 - 4：董事会勤勉程度与上市公司网络会计信息披露真实度正相关。

二　股权结构与性质

上市公司各契约主体的控制权和利益主要通过股权来体现，故股权结构是公司治理结构的产权基础，不同的股权结构决定了不同的企业组织结构和治理运行方式。由于股权导致的权力安排影响不同利益主体的利益分

---

① Ho, S. S. M. , and K. S. Wong, A Study of Corporate Disclosure Practice and Effectiveness in Hong Kong. *Journal of International Financial Management and Accounting*, 2001a, 12（1）: 75 - 102.

配，相关权益人对上市公司会计行为和结果必然投入更多关注，进而影响到上市公司对外披露会计信息的质量。各国在信息披露水平方面的差异，很大程度上可以用该国公司股权结构的差异来解释。

现有研究表明，不管是美国证券市场还是其他新兴资本市场，集中的所有权结构是一种普遍现象①。世界范围内存在的集中的股权结构改变了传统意义上经理人与股东之间的委托—代理关系，使得大股东与中小股东之间的委托—代理关系引起广泛的注意。从图 6－1 来看，我国 2006—2008 年超过 85% 的上市公司第一大股东持股比例超过 20%；近 20% 的上市公司的第一大股东持股比例超过 50%；对照图 6－2 可以看到，上市公司第一大股东持股比例远远超过第二至第五大股东持股比例之和，呈现明显的"一股独大"特征。

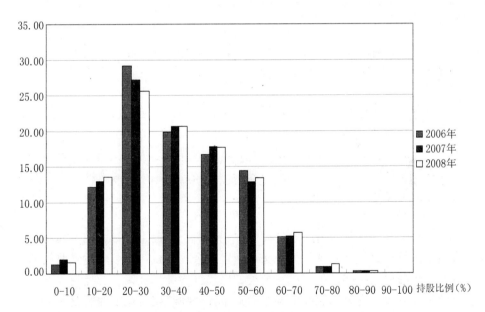

图 6－1　2006—2008 年中国上市公司第一大股东持股比例分布
资料来源：国泰安 MACAR 数据库。

---

① La Porta, R., F. Lopez - de - Silanes, A. Shleifer, and R. Vishny. Corporate Ownership A-round the World. *The Journal of Finance*, 1999, 54: 471 - 517.

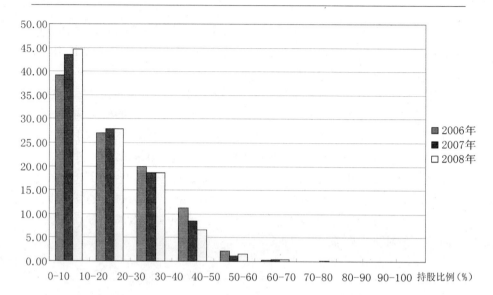

图 6 - 2　2006—2008 年中国上市公司第二至第五大股东持股比例之和分布

资料来源：国泰安 MACAR 数据库。

此外，我国上市公司股权性质复杂且类型多样，包括国家股、国有法人股、其他境内法人股、外资法人股、内部职工股、流通 A 股、流通 B 股、H 股，等等。多样化的股权性质和复杂的股权结构对我国上市公司行为特征产生影响，进而影响到上市公司网络会计信息披露真实度，以下对此进行具体分析。

（一）股权结构与股权制衡

股权结构可以从股权集中度和股权构成两个方面来考量，即考察前五大股东的持股比例及背景。如果按照企业剩余控制权和剩余收益索取权的分布状况与股权结构匹配方式来分类，股权结构又可被区分为控制权不可竞争和控制权可竞争的股权结构两种类型。在控制权可竞争的情况下，剩余控制权和剩余索取权是相互匹配的，股东能够并且愿意对董事会和经理层实施有效控制；在控制权不可竞争的股权结构中，企业控股股东的控制地位是锁定的，对董事会和经理层的监督作用将被削弱。

由于各类股东对于剩余控制权和索取权的地位不同，导致其对信息披露的方式和内容具有不同的选择和偏好。控股股东往往倾向于披露更为

"好看"却具有迷惑性的信息，而制衡力量（如无控制权的其他大股东）则可能要求披露更多真实透明的信息。

我国目前尽管也存在股东与管理层的信息不对称问题，但更多的问题是股权过于集中引发的委托—代理问题，启用有效的制衡机制，提升网络信息披露的质量为广大投资者所期待。

对于控股股东在公司治理中的作用，目前也存在"监督之手"与"掠夺之手"两种相互对立的观点，笔者认为，具体的情况与其持有的股份份额有关。

图6-3展示了控股持股比例与网络会计信息披露真实度之间的关系。

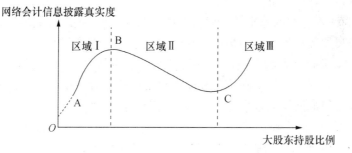

图6-3 控股股东持股比例与网络会计信息披露真实度

在股权高度分散的情况下，分散的中小股东们均没有动力或能力对经理人实施有效的监控，其"搭便车"行为表明"散户"参与公司经营决策的程度降低，导致会计信息需求不足，经理人掌握企业实际控制权，可以通过影响会计信息获取更多私人利益、侵害股东权益。这一阶段对于公司会计信息披露的供求均不足，网络会计信息披露真实度难以提高，图6-3中的A点以下的虚线部分便处于这种状态。

图6-3中的区域Ⅰ是控股股东的持股比例上升，但同时伴随着其他大股东的力量上升的情况。随着控股权的增加，拥有控制地位的理性的大股东能步入董事会等机构，有动力和能力监督管理层的机会主义行为、积极参与公司治理，力求拥有更多真实的信息从而维护自身的利益。但是，当大股东数量较多且股权差异不过于悬殊时，其他大股东（比如第二至第五大股东）可以采取各种方式制约控股股东进行的"掠夺"行为，而

此时的控股股东出于代理成本的考虑也会或者不得不接受其他大股东的监督，使得公司治理各方面效率和网络会计信息披露真实度不断提高，直至最佳点 B 点。

再来看看图 6 - 3 中的区域Ⅱ，当控股股权的集中度达到一定比例后，其他股东持股比例和影响力逐渐弱化，控股股东对上市公司的剩余控制权力和索取权力强化，信息披露的"话语权"一边倒，如果想要"掠夺"其他股东的权益，控股股东提供会计信息的目的就不是为了反映真实的交易，而是利用盈余管理、不披露或虚假披露与外部股东攸关的信息来掩饰其种种利益侵占行为，网络会计信息披露的真实度在控股股东的"掠夺"行为最盛时降至最低点 C 点。

图 6 - 3 中的区域Ⅲ是控股股东的持股比例进一步上升直至其掌握了上市公司大部分控制权的情形，此时控股股东"掠夺"自己无意义，"掏空"的动机和行为就会越少，利用信息披露掩饰各种利益侵占行为的必要性减少，抑制经理人在信息披露中道德风险行为的动机增强，因此在这一阶段公司的网络会计信息披露真实度会提高。

从图 6 - 1 的我国资本市场情况来看，对照 2001—2005 年的数据，2006—2008 年第一大股东持股比例超过 20% 的比例由 91% 下降至 85% 左右，第一大股东持股比例超过 50% 的上市公司的比例也由 34% 下降至 20% 左右，第一大股东持股比例均值也由 40.9% 下降至 35.62%。尽管第一大股东比例小于 10% 和大于 60% 的仍然较少，但较之 2001—2005 年的数据，第一大股东持股比例大大下降，其中分布在 10%—30% 的占去近 40%，同样，30%—50% 也占去近 38%，这样的分布可以说是分布在图 6 - 3 的区域Ⅰ和区域Ⅱ内，那么其究竟对信息披露会有什么影响，我们留待进一步检验。这里只提出假设：

H6 - 5：网络会计信息披露真实度与第一大股东持股比例相关。

H6 - 6：网络会计信息披露真实度与股权制衡度（第二至第五大股东持股比例）相关。

（二）股权性质

与欧美成熟市场相比，我国证券市场上市公司股权集中度较高，但在中国特殊的经济背景下，除了考虑控股股东的股权比例外，股权性质也是我们必须面对的问题。

按照产权理论，国家拥有企业的所有权会引发多重代理问题，导致企业效率低下。所有权的虚位导致无事实上的责任人对经理人进行监督，代表国家行使监督权力的资产管理官员由于个人效用函数与社会效用函数存在差异，以及专业素养的差异，对经理人员的经营管理和信息披露行为进行监督的有效性也值得怀疑①。

笔者注意到我国证券市场的上市公司，特别是规模较大的上市公司大多数都是由国有企业改制而来，换句话说，上市公司中的国有企业一般规模较大，中央政府或地方政府的国资部门成为一股独大的上市公司控股股东。笔者用第四章的样本统计了 2006—2008 年深交所上市公司国有与非国有总资产对比数据（见表 6 - 1），从表中可以看出，第一大股东为国有股的总资产规模平均约为非国有股的 2 倍。

表 6 - 1　　　2006—2008 年中国上市公司国有与非国有总资产对比

第一股东	总资产	均值	最小值	中位数	最大值	样本数（个）
深交所样本	国有	4063167346	1942958	2018527681	100094467908	865
	非国有	2001576874	17961178	1078178800	41048674000	660

资料来源：国泰安 CSMAR 数据库。

正如第四章讨论的，规模较大的国有上市公司由于实力强大，其中部分大型国有企业甚至拥有无可比拟的垄断地位，所以其信息披露成本小、公布其信息的竞争成本低、外部融资需求大且内部股权和治理结构更复杂，因此规模较大的国有上市公司也有动机通过提高信息披露真实度以减小代理成本；但同时，管理者也有可能调整当期报告盈余，对其进行"削峰填谷"式的处理，导致盈余变得平滑来规避政治成本带来的严格管制和监控。

基于以上讨论，笔者提出假说 H6 - 7 和假说 H6 - 8 但暂不做方向预测。

---

① Shirley, M. M., and P. Walsh, Public vs. Private Ownership: The Current State of the Debate. Working Paper, The World Bank, 2000.

H6-7：第一大股东是否为国有股与网络会计信息披露真实度相关。

H6-8：国有股比例与网络会计信息披露真实度相关。

法人股是国有法人股和社会法人股的总称。社会法人股与国有法人股不同之处在于其所代表的资本有相当一部分是拥有独立利益的私人资本或集体所有资本，且持股数量较一般投资者大，转让和流通受限，故而有动力和能力对管理层的经营状况和信息披露水平进行监督。因此，笔者提出以下假说：

H6-9：社会法人股比例与网络会计信息披露真实度正相关。

三　报酬契约

按劳动经济学的观点，理性的经济人在进行劳动供给决策时，常常权衡工作和闲暇的成本收益，寻求闲暇的边际收益与放弃工作的边际成本相等的那一替代点。现代公司治理下的两权分离使得委托人无法观察代理人的努力程度，只能依据其披露的信息特别是会计信息进行推测。选择报酬与业绩挂钩的方法来激励代理人是上市公司委托人的现实选择。如果披露的信息缺乏真实度，则潜在的道德风险上升。

上市公司管理层的报酬主要由薪酬和股权组成，英国、美国等国家多采用股权激励的方式，而我国采用利润分成的薪酬激励方式较多。薪酬激励是一种将管理层的报酬与业绩直接线性相关的做法，因为经理人员并非终身制，他们可能更多的关心其任内的短期利益而采用一种短期决策理念，并尽可能地最大化当期业绩以最大化自己的收益，在出现经营困难的年度，则可能引致管理层操纵会计信息披露的行为①。

而股权激励则是一种长期激励机制，能引导企业管理层更多的关心企业的长期价值，减少代理成本。据统计，美国有 50% 以上的上市公司使用高比例的长期激励计划②，这是出于管理层持股越少则他在日常经营中不努力的动机就越强烈的劳动理论考虑。但是股权激励将管理层的收益与上市公司的股价联系起来，激发了以自身利益为标准，通过操纵会计信息

---

① 张栋：《制度安排、报酬契约与上市公司会计信息披露质量》，《新疆财经》2004 年第 4 期。

② 罗富碧、冉茂盛、张宗益：《股权激励、信息操纵与内部监控博弈分析》，《系统工程学报》2009 年第 6 期。

来操纵股价的动机，近年来频频曝光的西方国家上市公司财务舞弊案就是证明。

在这种激励制度下，由于会计盈余的价值相关性最强，成为管理层操纵披露信息的首选对象，如果管理层想要股价上升以收获自己的报酬，则采用调高当期利润的会计政策。但从长期来看，企业的利润总会起起落落，经理既要回避较低的利润带来的报酬和声誉的风险，同时也要回避过高的利润导致委托人对未来年份的高期望、高要求无法实现带来的风险，处于此情境中的经理人不可避免会产生平滑收益的动机。基于以上讨论，本章提出如下报酬契约假设：

H6 - 10：有报酬契约的上市公司网络会计信息披露真实度水平较高，收益平滑度也较高。

第二节　公司治理影响因素数据检验模型

一　样本选取和数据来源

本章的样本选取过程和数据来源与本书第三、第四章相同，为深交所2006 年 483 个、2007 年 495 个、2008 年 547 个，三年共计 1525 个有效样本。公司治理数据主要来源于国泰安信息技术有限公司的"CSMAR 系列研究数据库系统"和巨灵资讯数据库。

二　变量选择和模型界定

（一）因变量

本章要考察的因变量为第四章构建的网络会计信息披露真实度总评价（Y）、强制网络会计信息披露真实度（深交所考评）（Y_1）、自愿网络会计信息披露真实度（网站考评）（Y_2）及网络会计信息披露真实度财务特征（盈余平滑度）（Y_3）四个评价指标，分别用 Y、Y_1、Y_2、Y_3 表示。

（二）自变量

1. 董事会相关自变量

独立董事比例（X_1），用以测试董事会独立性对于会计信息披露质量及盈余平滑度的影响。具体界定为 X_1 = 董事会中独立董事人数/董事会总

人数 $\times 100$。董事长与总经理兼职（X_2），当上市公司董事长同时担任公司总经理、CEO 或总裁时，$X_2 = 1$，否则为 0。

设立专业委员会个数用 X_3 表示。

公司董事会每年开会次数用 X_4 表示。

2. 股权结构类自变量

第一大股东持股比例用 X_5 表示。

第二至第五大股东持股比例之和用 X_6 表示。

第一大股东状态用 X_7 表示，当第一大股东状态为国有股时 $X_7 = 1$，否则为 0。

国有股比例用 X_8 表示。

法人股比例用 X_9 表示。

3. 报酬契约用 X_{10} 表示，当上市公司管理层有报酬契约时 $X_{10} = 1$，否则为 0。

（三）检验模型设计

根据上述选择的变量与界定，本章拟采用以下模型对全样本进行回归分析：

$$Y = \beta_0 + \beta_1 X_1 + \beta_2 X_2 + \beta_3 X_3 + \beta_4 X_4 + \beta_5 X_5 + \beta_6 X_6 + \beta_7 X_7$$
$$+ \beta_8 X_8 + \beta_9 X_9 + \beta_{10} X_{10} \tag{6.1}$$

$$Y_1 = \beta_0 + \beta_1 X_1 + \beta_2 X_2 + \beta_3 X_3 + \beta_4 X_4 + \beta_5 X_5 + \beta_6 X_6 + \beta_7 X_7$$
$$+ \beta_8 X_8 + \beta_9 X_9 + \beta_{10} X_{10} \tag{6.2}$$

$$Y_2 = \beta_0 + \beta_1 X_1 + \beta_2 X_2 + \beta_3 X_3 + \beta_4 X_4 + \beta_5 X_5 + \beta_6 X_6 + \beta_7 X_7$$
$$+ \beta_8 X_8 + \beta_9 X_9 + \beta_{10} X_{10} \tag{6.3}$$

$$Y_3 = \beta_0 + \beta_1 X_1 + \beta_2 X_2 + \beta_3 X_3 + \beta_4 X_4 + \beta_5 X_5 + \beta_6 X_6 + \beta_7 X_7$$
$$+ \beta_8 X_8 + \beta_9 X_9 + \beta_{10} X_{10} \tag{6.4}$$

第三节　公司治理影响因素数据检验及结果分析

一　描述性统计及结果分析

表 6 - 2 为内部治理相关因素的描述性统计结果。

表 6 – 2　　　　　　　　　　内部治理相关变量描述性统计

	均值	最小值	中位数	最大值	标准差	占比（%）	样本数(个)
Y	3.3807	1.0000	3.3993	5.0000	0.6910		1525
Y_1	3.6564	1.0000	4.0000	5.0000	0.8197		1525
Y_2	3.3488	1.0000	3.9344	5.0000	1.5305		1525
Y_3	1.9426	0.0046	0.5666	602.5845	16.9065		1525
X_1	35.9216	0.0000	33.3333	66.6667	5.2227		1525
X_2	0.1541	0.0000	2.0000	2.0000	0.4250	15.3443	1525
X_3	2.6367	0.0000	4.0000	4.0000	1.7896		1525
X_4	9.2957	3.0000	9.0000	35.0000	3.4745		1525
X_5	33.8822	4.8300	30.6000	82.4500	14.7665		1525
X_6	15.0633	0.3000	12.7100	50.3900	10.8146		1525
X_7	0.5672	0.0000	1.0000	1.0000	0.4956	56.7213	1525
X_8	23.5248	0.0000	21.9578	97.1221	22.0889		1525
X_9	17.2340	0.0000	8.0018	86.9285	20.2663		1525
X_{10}	0.0551	0.0000	0.0000	1.0000	0.2282	5.5081	1525

　　注：Y 表示网络会计信息披露真实度总评价；Y_1 表示强制网络会计信息披露真实度（深交所考评）；Y_2 表示自愿网络会计信息披露真实度（网站考评）；Y_3 表示网络会计信息披露真实度财务特征（盈余平滑度）；X_1 表示独立董事比例；X_2 表示董事长与总经理两职合一；X_3 表示专业委员会个数；X_4 表示公司董事会每年开会次数；X_5 表示第一大股东持股比例；X_6 表示第二至第五大股东持股比例之和；X_7 表示第一大股东状态；X_8 表示国有股比例；X_9 表示法人股比例；X_{10} 表示报酬契约。

（一）董事会治理

　　样本公司董事长与总经理两职合一的比例为 15.3443%；董事会中独立董事所占比例平均为 35.9216%，超过我国《独立董事指导意见》的规定；专业委员会设立平均 2.6367 个，个数不少，具体作用需进一步考证；董事会每年开会次数平均 9.2957 次，最多 35 次，最少一年只开 3 次，可见少数上市公司中董事会形同虚设，并未肩负起实质的监督与指导作用。

（二）股权结构

　　第一大股东持股比例虽然较 2001—2005 年下降①，但仍然超过第二

　　① 参见王丽娟《会计透明度影响因素研究》，博士学位论文，厦门大学，第 85 页。

至第五大股东持股比例之和的一倍以上，显示出我国上市公司一股独大的局面仍未根本改变。第一大股东为国有的比例占全部样本的 56.7213%，国有股比例均值为 23.5248，最高值竟达 97.1221，充分体现我国证券市场国有股一股独大的局面，相比之下，法人股比例（均值 17.234）黯然失色。

（三）报酬契约类

我国证券市场有报酬契约的上市公司仅为 5.5%，比例较小，公司治理结构的改革有待于进一步深化。

因变量 Y、Y_1、Y_2、Y_3 的描述性统计结果与第五章相同，在此不予赘述。

二 相关性检验及结果分析

表 6-3 为回归模型中各变量之间的皮尔森及斯皮尔曼相关系数。其中上三角部分为斯皮尔曼相关系数，下三角部分为皮尔森相关系数。下面结合两种系数进行分析。

（一）网络会计信息披露真实度与董事会治理相关分析

从强制网络会计信息披露真实度（深交所考评）（Y_1）与董事会自变量相关性看，Y_1 与董事长总经理两职合一（X_2）显著负相关，表明了监管部门对于两职合一的态度。Y_1 与董事会专业委员会设立的个数（X_3）正相关性表明董事会专业性越强，强制网络会计信息披露越规范，真实度可能越高。Y_1 与董事会议次数明显负相关，这与我们的预测相反，说明并非会议越多效率越高；我们同时注意到，专业委员会设立的个数（X_3）与董事会议次数（X_4）显著正相关，说明专业委员会设立的越多，会议次数越多，但即便如此其发挥的作用并不大。

自愿网络会计信息披露真实度（网站考评）（Y_2）与独立董事比例（X_1）的正相关关系说明外部独立董事较为关注上市公司的网站建设及其维护。Y_2 与专业委员会个数（X_3）也存在较显著的正相关关系，说明专业水平高的董事会更多关注自愿网络会计信息披露的真实度问题。

从网络会计信息披露真实度财务特征（盈余平滑度）（Y_3）看，董事会治理对其的影响微乎其微，说明上市公司董事会极少考虑盈余平滑度的问题，这或许因为考评质量中也较少考虑这个因素，甚至认为收益平滑与企业稳步发展的特征有关。

表 6 - 3

内部治理变量相关系数表

	Y	Y_1	Y_2	Y_3	X_1	X_2	X_3	X_4	X_5	X_6	X_7	X_8	X_9	X_{10}
Y		0.579**	0.282**	0.650**	0.010	-0.041	0.026	-0.027	0.085**	0.018	0.078**	0.057**	-0.116**	0.044
Y_1	0.658**		0.198**	-0.109**	-0.009	-0.081**	0.040	-0.069**	0.164**	-0.019	0.119**	0.110**	-0.163**	0.134**
Y_2	0.304**	0.214**		-0.095**	0.057**	-0.038	0.073**	0.023	0.016	0.084**	0.103**	0.065**	-0.153**	0.117**
Y_3	0.062*	-0.043	0.002		0.016	0.045	-0.024	0.013	-0.019	0.024	-0.036	-0.044	0.044	-0.080**
X_1	-0.014	-0.045	0.024	0.014		0.056*	0.059*	0.024	-0.035	0.003	-0.017	-0.038	0.008	-0.006
X_2	-0.042	-0.085**	-0.045	-0.014	0.070**		-0.013	0.007	-0.077**	0.026	-0.129**	-0.137**	0.108**	0.040
X_3	0.037	0.061*	0.088**	-0.025	0.052*	-0.013		0.123**	0.057*	-0.017	0.013	-0.006	-0.037	0.045
X_4	-0.045	-0.075**	0.028	-0.022	0.027	0.007	0.124**		-0.005	-0.013	-0.072**	-0.089**	0.041	0.084**
X_5	0.098*	0.156**	0.005	-0.036	0.000	-0.019	0.050	-0.011		-0.422**	0.284**	0.494**	-0.206**	-0.003
X_6	-0.001	-0.022	0.041	0.034	-0.013	-0.077**	-0.006	-0.030	-0.410**		-0.283**	-0.280**	0.399**	0.086**
X_7	0.095*	0.130**	0.122**	-0.054*	-0.018	0.018	0.013	-0.079**	0.277**	-0.251**		0.796**	-0.649**	-0.120**
X_8	0.075*	0.125**	0.080**	-0.046	-0.029	-0.129**	0.003	-0.095**	0.554**	-0.233**	0.772**		-0.653**	-0.152**
X_9	-0.106**	-0.148**	-0.158**	0.075**	0.018	-0.139**	-0.032	0.041	-0.086**	0.339**	-0.655**	-0.638**		0.047
X_{10}	0.042	0.126**	0.104**	-0.017	0.012	0.040	0.057*	0.084**	-0.009	0.075*	-0.120**	-0.145**	0.048	

** 表示在 0.01% 水平显著相关。 * 表示在 0.05% 水平显著相关。

注：Y 表示网络会计信息披露真实度总评价；Y_1 表示网络会计信息披露真实度（深交所考评）；Y_2 表示自愿网络会计信息披露真实度（网站考评）；Y_3 表示网络会计信息披露真实度（盈余平滑度）；X_1 表示强制网络会计信息披露真实度；X_2 表示独立董事比例；X_3 表示专业委员会个数；X_4 表示公司董事会每年开会次数；X_5 表示第一大股东持股比例；X_6 表示第二至第五大股东持股比例之和；X_7 表示董事长与总经理两职合一；X_8 表示董事会专业委员会个数；X_9 表示固有股比例；X_{10} 表示法人股报酬契约。

网络会计信息披露真实度总评价（Y）与董事会治理的各自变量（X_1、X_2、X_3、X_4）相关性不显著，有待在回归分析中进一步讨论。

（二）网络会计信息披露真实度与股权结构相关分析

网络会计信息披露真实度总评价（Y）、强制网络会计信息披露真实度（深交所考评）（Y_1）与第一大股东持股比例（X_5）均在1%水平显著正相关，而与第二至第五大股东持股比例之和（X_6）的相关性却不显著，这说明在2006—2008年期间，经过公司治理结构的改革和专项治理，中国上市公司的第一大股东持股比例下降，落在10%—50%的区间数量近78%（见图6-1），而在这个区间整体上提升了网络会计信息披露特别是强制披露的真实度水平。

股权性质中第一大股东性质（X_7）、国有股比例（X_8）与网络会计信息披露真实度总评价（Y）、强制网络会计信息披露真实度（深交所考评）（Y_1）、自愿网络会计信息披露真实度（网站考评）（Y_2）均显著正相关，说明虽然国有上市公司可能生产效率不高，但是其规模巨大，地位超然，披露的信息符合规范，自建网站成本—效益比高，整体网络会计信息披露真实度水平较高。法人股的比例（X_9）则与Y、Y_1、Y_2显著负相关，说明法人股对样本上市公司监控的能力不足。

网络会计信息披露真实度财务特征（盈余平滑度）（Y_3）与第一大股东性质（X_7）的负号关系说明样本上市公司中的国有企业具有平滑盈余的动机，而法人股的比例（X_9）与Y_3的正号关系说明法人或许更关心当期盈余的真实高低。由于Y_3与X_7、X_9的皮尔森及斯皮尔曼相关系数并非完全一致，具体情况在回归分析中进一步讨论。

（三）信息披露质量与报酬契约相关分析

报酬契约（X_{10}）与强制网络会计信息披露真实度（深交所考评）（Y_1）、自愿网络会计信息披露真实度（网站考评）（Y_2）均显著正相关，说明有激励机制的样本公司更注重网络会计信息披露的规范化及维护自主网站。但X_{10}与网络会计信息披露真实度财务特征（盈余平滑度）（Y_3）的负相关关系则表明有报酬契约的上市公司管理层有出于私人目的的动机平滑盈余。

三　回归检验及结果分析

表6-4列示了最小二乘（OLS）回归结果。

表6-4　　　　　　　　内部因素与信息披露质量回归结果

因变量	网络会计信息披露真实度总评价			强制网络会计信息披露真实度（深交所考评）		
自变量	预测符号	系数	t统计量	Sig.	预测符号	系数	t统计量	Sig.
常数		3.244	21.883	0.000		3.799	22.335	0.000
X_1	−	−0.002	−0.455	0.649		−0.006	−1.608	0.114
X_2	+	−0.063	−1.258	0.109	+	−0.149	−2.606	0.009
X_3	+	0.009	0.886	0.376	+	0.018	1.582	0.101
X_4	+	−0.010	−1.876	0.061	+	−0.021	−3.552	0.000
X_5	+	0.011	5.826	0.000	+	0.016	7.294	0.000
X_6	+	0.008	3.957	0.000	+	0.010	4.372	0.000
X_7	+	0.150	2.474	0.013	+	0.174	−2.491	0.013
X_8	+	−0.008	−4.464	0.000	+	−0.009	−4.415	0.000
X_9		−0.008	−5.239	0.000		−0.010	−6.166	0.000
X_{10}		0.074	0.935	0.350		0.409	4.526	0.000
调整后的 $R^2 = 0.035$，F统计量 $=6.432$，$Sig. = 0.000$				调整后的 $R^2 = 0.085$，F统计量 $=14.924$，$Sig. = 0.000$			

因变量	自愿网络会计信息披露真实度（网站考评）			网络会计信息披露真实度财务特征（盈余平滑度）		
自变量	预测符号	系数	t统计量	Sig.	预测符号	系数	t统计量	Sig.
常数		2.557	7.859	0.000		1.463	0.392	0.005
X_1	+	0.007	0.925	0.355	+	0.055	0.644	0.520
X_2	+	−0.088	−0.808	0.419	+	−1.164	−0.929	0.353
X_3	+	0.060	2.757	0.006	+	−0.162	−0.647	0.518
X_4	+	0.010	0.855	0.393	+	−0.105	−0.816	0.415
X_5	+	0.010	2.406	0.016	+	−0.079	−1.648	0.100
X_6	+	0.020	4.434	0.000	+	−0.030	−0.579	0.562
X_7	−	0.336	2.520	0.012		−1.226	0.802	0.423
X_8	+	−0.011	−2.686	0.007	+	0.055	1.206	0.228
X_9		−0.017	−5.429	0.000		0.086	2.372	0.018
X_{10}		0.598	3.464	0.001		−0.833	−0.421	0.674
调整后的 $R^2 = 0.054$，F统计量 $=9.468$，$Sig. = 0.000$				调整后的 $R^2 = 0.013$，F统计量 $=7.758$，$Sig. = 0.000$			

注：X_1 表示独立董事比例；X_2 表示董事长与总经理两职合一；X_3 表示专业委员会个数；X_4 表示公司董事会每年开会次数；X_5 表示第一大股东持股比例；X_6 表示第二至第五大股东持股比例之和；X_7 表示第一大股东状态；X_8 表示国有股比例；X_9 表示法人股比例；X_{10} 表示报酬契约。

（一）董事会治理回归结果分析

从回归结果看，董事会与总经理两职合一（X_2）与网络会计信息披露真实度总评价（Y）、强制网络会计信息披露真实度（深交所考评）（Y_1）显著负相关，意味着当董事长具有决策制定和监督的双重权力而缺乏监督时，董事长存在更多地追求个人福利而非广大股东利益的机会主义行为，从而增加股东与管理层之间的代理成本，对公司网络会计信息披露真实度水平具有负面影响，也容易受到监管部门的批评。而在两职分离的情况下，董事长对总经理经营行为的监督，能有效地提高董事会效率、提高监督和控制管理层的能力、避免机会主义行为，有利于网络会计信息披露真实度的提高。

专业委员会设立个数（X_3）与强制网络会计信息披露真实度（深交所考评）（Y_1）、自愿网络会计信息披露真实度（网站考评）（Y_2）显著正相关；董事会议次数（X_4）与网络会计信息披露真实度总评价（Y）、强制网络会计信息披露真实度（深交所考评）（Y_1）显著负相关，独立董事比例（X_1）与 Y、Y_1、Y_2、Y_3 的相关性均不显著。

董事会中设立的专业委员会，能够履行审计监督、业绩评估、高层提名、战略指导等董事会监督与指导职能，但这些职能的履行却要耗费监督主体的大量时间和精力，且需要经理层配合，单靠一年几次的董事会会议显然不能达到目的。有可能董事会虽然勤勉，但是董事会会议或许只是走过场，较少讨论管理的核心问题；又或者由于专业委员会个数的增加及功能的强化使得董事会议的审计等作用弱化，导致董事会议的次数与信息披露质量的相关性下降。

独立董事是以外部人的身份介入了董事会的内部运作规则之中，其发挥作用的平台在于董事会的专业委员会，使独立董事行使职能有了依托于其所在分工不同的专业委员会。专业委员会准许独立董事在发挥专业优势、摆脱相关管理层的控制、真正独立的行使其监督与指导职责，最终彰显董事会作为委托人代表的公正性。

但就本章回归的结论看，2006—2008 年专业委员会的个数虽然不少，但是独立董事比例（X_1）与网络会计信息披露真实度却没有显著相关关系，这与大多数关于独立董事的研究结果①②一致，说明我国上市公司中独立董事并没有发挥有效监督功能，对网络会计信息披露质量的提高未起到推动作用。那么，究竟是独立董事没有发挥正常作用还是上市公司专业委员会与独立董事的关联不够，是值得进一步研究的问题。

至于董事会与网络会计信息披露真实度财务特征（盈余平滑度）（Y_3）的关系，正如第二节所讨论的，董事会较少关注平滑度的问题，如同监管部门较少关注它一样，由表 6-4 可以看到，董事会的各相关变量与平滑度基本不相关。

（二）股权结构回归结果分析

第一大股东持股比例（X_5）与网络会计信息披露真实度总评价（Y）、强制网络会计信息披露真实度（深交所考评）（Y_1）、自愿网络会计信息披露真实度（网站考评）（Y_2）显著正相关，说明当80%左右的上市公司第一大股东持股比例 $X_5 \in$［10，50］时，能整体提升网络会计信息披露真实度水平。第二至第五大股东持股比例之和（X_6）也与 Y、Y_1、Y_2 显著正相关，说明第二到第五大股东的制衡作用能够有效地提高网络会计信息披露真实度。

第一大股东是否为国有股（X_7）与网络会计信息披露真实度总评价（Y）、强制网络会计信息披露真实度（深交所考评）（Y_1）、自愿网络会计信息披露真实度（网站考评）（Y_2）显著正相关，说明我国上市公司的国有股由于规模效应，能够提升网络会计信息披露真实度。

但是令人困惑的是国有股比例（X_8）却与信息披露考评结果负相关，这显然与前面的结论不合。细细考察表 6-3 的相关性后笔者发现，国有股与第一大股东性质的相关性高达 0.77，可能存在共线性的问题，为解决这个问题，笔者尝试使用两阶段最小二乘法 SLS，控制住变量 X_7 等变量后，X_8 与 Y、Y_1、Y_2 在 1% 水平上显著正相关。此外，法人股比例（X_9）与 Y、Y_1、Y_2 在 0% 水平显著负相关，说明法人股在网络会计信息披露真实度问题上作用较少，甚至有副作用。

---

① 于东智：《董事会、公司治理与绩效——对中国上市公司的经验分析》，《中国社会科学》2003 年第 3 期。

② 于东智、王化成：《独立董事与公司治理：理论、经验与实践》，《会计研究》2003 年第 8 期。

以网络会计信息披露真实度财务特征（盈余平滑度）（Y_3）为被解释变量的回归结果与 Y、Y_1、Y_2 的回归结果方向基本相反。这与上一章得出的结论一致，即盈余的平滑结果是股东、投资者和监管部门共同喜爱的，即使它有歪曲真实盈余之嫌。

值得注意的是，在以 Y_3 为被解释变量的回归结果中，第一大股东比例（X_5）与 Y_3 显著负相关，说明样本国有上市公司有平滑盈余的倾向，考虑盈余平滑度所体现的是企业会计信息披露管理的一种长期趋势，以上结论说明国有大股东对上市公司会计盈余披露所进行的管理往往采用的是长期性的"战略"手段。法人股比例（X_9）与 Y_3 的显著正相关说明样本公司的法人虽然对网络会计信息披露的规范性及自愿披露的状况关注不多，却对公司盈余平滑起到监督作用。

（三）报酬契约回归结果分析

上市公司是否有报酬契约（X_{10}）与强制网络会计信息披露真实度（深交所考评）（Y_1）、自愿网络会计信息披露真实度（网站考评）（Y_2）在 0% 水平显著正相关。说明为控制代理人的道德风险，最大限度地降低代理成本，委托人有动力设计一项针对代理人的激励和补偿系统。其补偿系统中的报酬契约直接诱导着代理人的行为，如果报酬契约的设计能够满足：一是有足够的吸引力以防止代理人拒绝进入与委托人的代理关系而转向别处提供服务，即所提供的激励不低于代理人的保留效用；二是合约的设计需能够激发代理人执行委托人要求的努力水平，即代理人按自己的目标选择行动的结果也符合委托人的目标；三是合约是可执行的，即建立在委托人和代理人共同可观察的信息基础上三个方面时，则报酬合约可被视为共同可观察的努力产出的函数。这样的报酬契约是决定委托人目标能否实现的基础，也是经理层努力工作，披露真实会计信息的关键所在。

当然，如果上市公司以会计盈余作为报酬契约的依据，管理层就有动机对会计收益进行"削峰填谷"式的处理，使得收益保持在奖励标准收益附近。从 2006—2008 年的数据回归结果来看，盈余平滑度与报酬契约的关系符号为负，但并不显著，说明即使有报酬契约的企业仅占样本的 5.5%，但也已经有了平滑盈余的趋势。也可能正是 Y_1、Y_2 与 Y_3 在报酬契约（X_{10}）上的反向作用，导致网络会计信息披露真实度总评价 Y 与 X_{10} 的相关性符号虽然为正却不显著。

第四节　稳健性检验

为了对公司治理影响因素的稳定性进行检验，笔者采用与第五章同样的方法将整个样本期 2006 年 1 月至 2008 年 12 月共 36 个月按不同市场态势分为牛市时期 2006 年 1 月 1 日至 2007 年 12 月 31 日和熊市时期 2008 年 1 月 1 日至 2008 年 12 月 31 日，利用回归方程 6.1 分样本期进行回归分析，以此检验整个样本的稳健性。稳健性检验结果见表 6 - 5。总体来看，稳健性检验结果与上述结论基本相同，进一步验证以上结论，在此不予详述。

表 6 - 5　　　　　　　　　　　　稳健性检验

时期	2006 年 1 月 1 日至 2007 年 12 月 31 日				2008 年 1 月 1 日至 2008 年 12 月 31 日			
因变量	Y				Y			
自变量	预测符号	系数	t 统计量	Sig.	预测符号	系数	t 统计量	Sig.
常数		3.232	17.369	0.000		3.360	13.450	0.000
X_1	−	− 0.001	− 0.157	0.875	−	− 0.004	− 0.644	0.520
X_2	+	− 0.044	− 0.696	0.077	+	− 0.091	− 1.089	0.177
X_3	+	0.001	0.117	0.907	+	0.013	0.686	0.493
X_4	+	− 0.013	− 1.962	0.050	+	− 0.008	− 0.898	0.070
X_5	+	0.010	3.895	0.000	+	0.010	3.175	0.002
X_6	+	0.007	2.680	0.007	+	0.008	2.517	0.012
X_7	+	0.179	2.375	0.018	+	0.079	0.765	0.044
X_8	+	− 0.008	− 3.232	0.001	+	− 0.005	− 1.574	0.116
X_9		− 0.007	− 3.305	0.001		− 0.006	− 2.691	0.007
X_{10}		0.219	1.771	0.487		− 0.046	− 0.443	0.658
调整后的 $R^2 = 0.043$，F 统计量 $= 5.110$，Sig. $= 0.000$					调整后的 $R^2 = 0.068$，F 统计量 $= 4.795$，Sig. $= 0.000$			

注：Y 表示网络会计信息披露真实度总评价；X_1 表示独立董事比例；X_2 表示董事长与总经理两职合一；X_3 表示专业委员会个数；X_4 表示公司董事会每年开会次数；X_5 表示第一大股东持股比例；X_6 表示第二至第五大股东持股比例之和；X_7 表示第一大股东状态；X_8 表示国有股比例；X_9 表示法人股比例；X_{10} 表示报酬契约。

第五节　本章小结

　　本章继续选择第四章的网络会计信息披露真实度总评价（Y）结果为因变量，利用第四章的样本数据，考察了上市公司内部治理机制对于网络会计信息披露真实度的影响。在考察总评价的外部影响因素的同时，也同时考察了 Y 的组成因子强制网络会计信息披露真实度（深交所考评）（Y_1）、自愿网络会计信息披露真实度（网站考评）（Y_2）及网络会计信息披露真实度财务特征（盈余平滑度）（Y_3）与公司治理各因素之间的关系。由于盈余平滑的隐蔽性及利益相关者对其的特别态度，本章专门分析了 Y_3 的影响因素及与其他因变量的差异。

　　本章从董事会、股权结构与报酬契约三个层面研究了可能影响上市公司网络会计信息披露真实度的公司治理因素。主要内容有：

　　（1）利用深交所的样本数据，对董事会治理（X_1、X_2、X_3、X_4）与 Y、Y_1、Y_2、Y_3 分别进行了相关和回归分析。结果表明总体上董事会治理对网络会计信息披露真实度提升不多。

　　（2）利用深交所的样本数据，对股权结构（X_5、X_6、X_7、X_8、X_9）与 Y、Y_1、Y_2、Y_3 分别进行了相关和回归分析。结果表明样本公司是否为国有、国有股的比例、第一大股东持股比例、第二至第五大股东持股比例都与 Y、Y_1、Y_2 整体上正相关。说明它们对网络会计信息披露整体水平的提高作出了贡献。但具体到 Y_3 则要么方向相反，要么相关性不明显，表明样本公司国有大股东对上市公司会计盈余披露所进行的管理往往采用的是长期性的"平滑"战略。

　　（3）利用深交所的样本数据，对报酬契约（X_{10}）与 Y、Y_1、Y_2、Y_3 分别进行了相关和回归分析，结果表明尽管 2006—2008 年有报酬契约的上市公司只占总样本的 5.5%，但上市公司是否有报酬契约与 Y_1、Y_2 显著正相关，与盈余平滑度的关系符号为负但并不显著。

第七章 结论、建议与展望

本书运用经济管理学、会计学和信息技术的相关理论和原理，采用规范研究与实证研究相结合的方法，研究了网络会计信息披露虚假的形成机理；分析了网络会计信息披露技术特别是 XBRL 对网络会计信息披露的影响；利用模糊集理论对网络会计信息披露真实度进行了综合评价；针对中国证券市场的特殊背景及发展中的现状，结合 2006—2008 年流动性极其不正常的特殊市场环境，考察了深交所 1525 个样本公司网络会计信息披露真实度的外部与内部影响因素。

第一节 主要结论

（1）相对传统披露渠道，网络披露会计信息的真实度凸显出不同的特点。网络技术的运用提高及时性、降低信息披露的成本；但同时，证券市场会计信息的完整性与可核性与网络等信息技术安全性的相关度增加，信息质量控制难度进一步加大，存在更为隐秘的会计信息失真的风险。网络环境下，传统通用财务报告的缺点被放大且投资者需求发生变化，新的会计信息披露的模式及理论受到学界关注。

（2）证券市场上市公司的会计信息具有内生价值及外在价值。相对于会计信息内生价值的直接补偿，会计信息的提供者更注重它"提高股票价格，增加企业的市场价值"的外在价值的实现。上市公司生产的会计信息与对外披露的会计信号对证券市场可能并非完全相同，当信号＝信息时，上市公司的市场价值可能与其内在价值相关；当信号≠信息时，上市公司的市场价值可能偏离其内在价值。

（3）数据调查显示我国投资者对上市公司网络信息披露真实度最为关心却也不甚满意。其原因既在于上市公司的成本—效用权衡；还在于上市公司存在经营路径依赖，当遭遇困境时，有虚假信息披露的动机；当然，想要披露动机实现还取决于其与投资者及监管部门的博弈，由均衡条件看，上市公司是否披露虚假信息取决于监管部门的处罚力度与投资者对其的反应。

（4）真实性是相关性与可靠性的统一。用辩证的观点看，会计信息真实性是相对的而不是绝对的，其不真实程度可分为平滑收益、盈余管理、利润操纵和会计舞弊。其中平滑收益的隐蔽性非常强，经过平滑的收益尽管不真实，却为利益相关者所喜爱，数据检验的结果也支持这一结论。

（5）网络会计信息披露真实度模糊综合评价的结果表明，样本公司的网络会计信息披露真实度情况有好有坏，均分 3.357，仅为及格水平。

（6）外部规制对网络会计信息披露真实度影响的研究表明：会计准则不同对上市公司信息披露真实性影响并不显著；受到更严格市场监管的 ST 类上市公司其信息披露考评分数低，但平滑盈余机会也少；审计事务所的规模及地位（是否四大）及审计报告意见与网络会计信息披露真实度结果显著正相关，但不能解决平滑度的问题；深交所的信息披露考评结果与盈余平滑的显著负相关关系表明监管部门对于盈余平滑度问题是不够重视的。

（7）公司治理对网络会计信息披露真实度影响的研究表明：董事长与总经理两职合一会降低网络会计信息披露的真实度，董事会的勤勉性不能提升上市公司的网络会计信息披露真实度，且董事会对盈余平滑性问题关心较少；第一大股东比例处于 [10，50] 区间，国有股的规模效应、第二到第五大股东的制衡作用能够有效地提升上市公司网络会计信息披露真实性；有报酬契约的上市公司其强制网络会计信息披露较规范且自建网站建设及维护较好，但报酬契约与盈余平滑度的负号关系表明如果上市公司以会计盈余作为报酬契约的依据，管理层或许就有动机对会计收益进行"削峰填谷"式的处理，使得收益保持在奖励标准收益附近。

第二节　相关建议

（一）技术进步与披露理论研究

目前会计理论对于网络信息披露的研究存在相互冲突的两种观点：一种观点认为，网络会计信息披露与传统的披露形式相比，只是披露格式的改变而已，只要精通信息技术的人员就可以完成，与会计信息真实度关联也不多，且网络信息披露并不能改变会计准则、会计制度以及披露规则所制订的各种规范，和会计研究领域的关联性不大；另一种观点认为，网络会计信息披露技术导致上市公司披露成本降低，会计信息披露真实性出现新的特点，需求发生变化，为满足日益上涨的需求，应加大力度改进网络会计信息披露模式，转变理论研究思路，使上市公司尽可能多的公开会计信息，以保障投资者的利益。

会计理论的发展与经济环境密切相关，会计信息披露的技术、需求及经营的路径依赖均表明这一点，所以笔者同意后一种观点，相关政府部门应密切关注网络会计信息披露技术的发展，积极思考网络环境下信息披露理论与模式的转变。

（二）技术进步与适度强制披露

信息披露模式的改变需要考虑两个问题：一是采用什么模式；二是披露到何种程度。在我国，证券市场会计信息披露模式属于管制的范畴。对上市公司信息披露的管制得到从投资者到政府管理部门的普遍拥护，当然对是否管制以及如何管制仍存在理论上的争议。非管制论主张的理论基础是有效市场、透信理论与个人契约。为有效履行受托责任、争夺市场份额，提升市场价值，上市公司会自愿披露绝大部分信息以向市场传递前途无量的"好消息"，"信号"不足的部分则以契约方式加以弥补。管制论者则以证券市场信息不对称导致的市场失灵及上市公司披露会计信息的公共物品性质为依据，认定对上市公司信息披露进行较为严格的管制能改进社会福利。两派观点针锋相对，笔者认为介于两者之间的适度管制论或许是我国证券市场的更好选择。适度管制是强制网络信息披露与自愿性网络信息披露的有机结合，是资本市场公平与效率博弈的均衡。而管制的度在于满足供求的均衡、成本—效用的均衡，以及效率与公平的兼顾。适度管制规定上市公司网络信息披露的最低程度和必须具备的质量标准，上市公司也可依照需要自愿在网站等媒体披露相关信息。

（三）现有报告基础上辅以按需报告

从笔者的调查看，证券市场信息需求者对传统通用财务报告和网络信息披露现状的满意度不高。考虑强制披露的适度原则，在现有网络信息披露技术水平下，笔者认为，在标准报告的基础上实行按需报告或许能在按需报告和标准报告之间达到一种平衡。运用这种方法，通用财务报告作为一种基本的披露，而附加的按需报告则满足了使用者的不同信息需求。要达到这种平衡，需要对标准化和多样化的关系有一个清晰的认识。标准化和多样化均可在不同层次上实施，如财务报表要素、信息项目、财务或非财务报表、年度财务报告整体。对于报告编制者来说，在某一特定层次上，标准化和多样化会发生冲突。然而，从使用者的角度，它们总是互补的。

（四）严格监管

在中国证券市场的特殊背景下，会计信息的价值相关性在流动性异常情况下依然存在，网络会计信息披露质量特别是真实性对价值相关性有着重要影响。而其真实度高低取决于监管力度与投资者的反应，在我国投资者特别是中小投资者不是特别成熟的情况下，网络信息披露监管成为证券市场监管体系的基石，高质量信息监管是抑制证券投机、防止内幕操纵、保护投资者利益、减少证券市场外部性的重要手段。如何强化信息披露监督与执行机制，规范上市公司信息披露行为，加强对投资者保护是摆在相关管理部门面前的重要课题。

从实证分析的结论看，监管部门对于盈余平滑度问题是不够重视的。盈余平滑的动机各异，方法多种多样，其结果基本上相同，即经过各种手段后平滑的盈余减少了盈余波动，市场风险的关系由于盈余平滑的存在得以缓和。盈余平滑增加了报告盈余的信息价值，经过盈余平滑的公司被市场看好，因为稳定的收益序列被认为具有较小的风险，因而那些进行了盈余平滑的公司获得了更高的股票回报率。但是收益的平滑就像一把"双刃剑"，一方得利，另一方往往受损。适当使用有积极作用，过度使用也很危险。由平滑盈余制造出的企业持续稳定发展的假象一旦难以为继，给投资者带来的损失必然是突兀而巨大的。当然，在市场经济环境下，盈余平滑的存在是客观的，完全消除它不太可能，且不符合经济学上的成本效益原则。但是，监管部门及独立审计部门需要采取一定措施进行治理，将其控制在一定的范围之内。

（五）独立审计监督

对于上市公司的监督，独立审计的地位和意见不容忽视；但从实证检验的结果看，他们较少关注盈余平滑度的问题。究竟是没有发现盈余平滑的问题？或者因为其他利益相关者较少关注平滑性问题而采取视而不见的态度？又或者存在与上市公司的"合谋"行为而否定盈余平滑的存在？我国政府和管理机构积极引入"四大"会计师事务所的初衷在于借助"四大"在国际市场的声誉、规范的运作方式及丰富的审计经验提高 A 股上市公司的信息披露水平，但是引入的效果也有待于相关监管部门仔细考核。此外，独立审计的操作究竟应由政府主导还是交由市场运作，政府只是通过改变现有的法律风险等因素，通过加大包括国际"四大"在内的所有审计师的法律风险，从根本上保证审计服务的质量，是值得相关管理部门和学者进一步探讨的问题。

（六）上市公司与需求方

上市公司通过网络披露虚假信息与其经营路径依赖相关，而其经营好坏与其治理结构息息相关，改善上市公司治理结构，创建业绩优良的企业，证券市场中的信号传递机制有利于将其与其他公司区分开来，不向市场传递信号的公司被认为是隐瞒了不好的消息从而会导致该公司市场价值下降，因而各类公司都有动力主动向市场传递信号，可以增加网络会计信息披露的真实度。但我们必须注意的问题是，技术进步仅仅意味着上市公司会计信息的直接成本下降，考虑到会计信息间接成本与上市公司合法权益的制约，不可能强制要求上市公司无限扩大信息供给。

网络技术降低了信息使用者的会计信息搜索成本，使得投资者使用信息快捷方便，需求心理发生改变，但是投资者对会计信息的需求并非无止境，信息披露过量就是例证；此外，并非每个投资者都需要同样数量的会计信息，不顾投资者类型、目的、素质和需求，一味高估了投资者的需求能力与理解能力，强求扩大网络披露会计信息的范围是徒劳无益的。当披露的社会效用低于社会成本时，它在一定程度上同时侵害了上市公司和需求者的合法权益。

第三节　研究展望

本书主要研究上市公司网络会计信息披露真实度评价及成因，但上市公司网络会计信息披露真实度是一个涉及面广泛的问题，其理论具有跨学科、多层次的特点，实务又具有动态性、多样性，其界定众说纷纭、莫衷一是，是值得持续研究并不断完善的课题。在评价指标选取的问题上，选取单一不足以反映真实度的全貌，过于综合则可操作性差；在成因及影响因素的考察问题上，因为因素众多同样难以取舍。本书虽然利用模糊集理论对网络会计信息披露真实度进行了综合评价，并在综合评价的基础上分析了影响上市公司网络会计信息披露真实度的内部和外部治理机制，但由于网络会计信息披露评价及其影响因素的复杂性和不确定性，要充分发挥内外部治理提升网络会计信息披露真实度的作用，构建一个完善的决策分析框架，还有很多值得进一步研究和探讨的问题：

（1）网络会计信息披露将是未来上市公司披露信息的主要方式，网络技术特别是 XBRL 技术的出现大大提高了网络会计信息披露的效率和准确度，但也存在不足且应用尚未全面展开，对于网络环境下的会计信息披露模式和会计理论的创新研究也是尝试性的，跟踪网络会计信息披露技术的发展及其对网络会计信息披露真实度的影响具有极大的理论与现实意义。

（2）虚假信息披露的经济后果是导致证券市场的价格偏离其价值，其原因既有内生的也有外在的，本书的研究表明虚假信息披露与上市公司经营的路径依赖有关，所以在一级市场如何选择新股上市，如何考评其经营状况、规范其信息披露行为，进行市场化定价是值得关注的问题。

（3）本书从深交所考评、上市公司自建网站的形式和效率、盈余平滑度特征三个维度，利用模糊集理论对网络会计信息披露真实度进行综合评价，具有一定的科学性和合理性，但网络会计信息披露真实度问题是一个动态发展的问题，结合我国制度背景继续完善上市公司网络会计信息真实度评价方法显得尤其重要。本书主要考察了我国二级市场的网络会计信息披露真实度问题，主要采用深交所的样本，具有一定的局限性。如有可能，还可进一步扩大考察的范围。

（4）本书研究证实独立审计的地位和意见对网络会计信息披露真实度的正面影响；但是它们与盈余平滑度的负号关系表明"四大"事务所并不能减少盈余平滑度，独立审计部门出具的报告也不能解决平滑度的问题。究竟是没有发现盈余平滑的问题？或者因为其他利益相关者较少关注平滑性问题而采取视而不见的态度？是值得进一步从理论和实践探讨的问题。

参 考 文 献

1. 邓红平:《和谐证券市场:基于多学科视角的分析》,《华中师范大学学报》2008 年第 3 期。

2. 张天西等:《网络财务报告——论 XBRL 的理论框架及技术》,复旦大学出版社 2006 年版。

3. Leuz, C. , and Robert E. Verrecchia, The Economic Consequences of Increased Disclosure. *Journal of Accounting Research*, 2000, 38 (Supplement): 91 – 124.

4. 汪炜、蒋高峰:《信息披露、透明度与资本成本》,《经济研究》2004 年第 7 期。

5. Hope, Ole – Kristian, Accounting Policy Disclosure and Analysis' Forecasts. *Contemporary Accounting Research*, 2003a, 20: 295 – 321.

6. Healy P. , A. Hutton, and K. Palepu, Stock Performance and Intermediation Changes Surrounding Increases in Disclosure. *Contemporary Accounting Research*, 1999 (16): 435 – 520.

7. Lundholm, R. , and L. A. Myers, Bringing the Future Forward: The Effect of Disclosure on the Returns – Earnings Relation [J]. *Journal of Accounting Research*, 2002, 40: 809 – 839.

8. FASB, Concepts Statement. Qualitative Characteristics of Accounting Information, 1980.

9. IASC, Framework for Preparation and Presentation of Financial Statements, 1989.

10. 葛家澎:《关于高质量会计和企业业绩报告改进的新动向》,《会计研究》2001 年第 12 期。

11. FASB, *Business Reporting Research Project – electronic Distribution of*

Business Reporting Information, New York (USA), FASB Press, 2000: 1 - 75.

12. Petravick, S., Gillett, J., Financial Reporting on the World Wide Web. *Management Accounting*, 1996, 78 (July): 26 - 29.

13. Lymer, A., Tallberg, A., Corporate Reporting and the Internet - A Survey and Commentary on the Use of the WWW in Corporate Reporting in the UK and Finland. Paper Presented at the 20th Annual Congress of the European Accounting Association, Graz (Austria), 1997, April: 32 - 37.

14. 潘琰:《互联网上的公司财务报告——中国上市公司财务信息网上披露情况调查》,《会计研究》2000 年第 9 期。

15. 何玉、张天西:《自愿实施网络财务报告公司的特征研究》,《会计研究》2005 年第 12 期。

16. Flynn, G., Gowthorpe, C., Volunteering Financial Data on the World Wide Web: A Study of Financial Reporting from a Stakeholder Perspective, Paper Presented at the 1st Financial Reporting and Business Communication Conference, Cardiff (UK), 1997, July: 67 - 78.

17. Lymer, A., The Use of the Internet for Corporate Reporting - A Discussion of the Issues and Survey of Current Usage in the UK. *Journal of Finance Information System*, 1997: 43 - 60.

18. Ettredge, M., Richardson, V. J., Scholz, S., The Presentation of Financial Information at Corporate Web Sites. *International Journal of Accounting Information Systems*, 2001, 2, 149 - 168.

19. Petravick S, Gillet J., Distributing Earnings Reports on the Internet, *Management Accounting* (USA). 1998, 80: 54 - 56.

20. Ashbaugh H., Johnstone, K. M., Warfield, T. D., Corporate Reporting on the Internet. *Accounting Horizons*, 1999, 13 (3): 241 - 258.

21. 潘琰:《因特网财务报告若干问题研究》,博士学位论文,厦门大学,2002 年。

22. Debreceny, R., Gray, L., The Production and Use of Semantically Rich Accounting Reports on the Internet: XML and XBRL. *International Journal of Accounting Information Systems*, 2001 (2): 47 - 74.

23. Pinsker, A Theoretical Paper Work for Studying Corporate Adoption of XBRL – Enable Software. Working Paper, 2004.

24. Wagenhofer, A., Economic Consequences of Internet Financial Reporting. *Schmalenbach Business Review*, 2003, (55) 10: 262 – 279.

25. 张天西:《网络财务报告:XBRL 标准的理论基础研究》,《会计研究》2006 年第 9 期。

26. CICA, Information Technology Advisory Committee. The Use of XBRL in Electronic Filing and Disclosure of Information. White Paper: www. cica. ca/itac. 2003.

27. Hunton, J., The Supply and Demand for Continuous Reporting, In Trust and Data Assurances in Capital Markets: The Role of Technology Solutions. Research Monograph Sponsored by Pricewater house Coopers, 2003: 7 – 16.

28. 沈颖玲:《会计全球化的技术视角——利用 XBRL 构建国际财务报告准则分类体系》,《会计研究》2004 年第 4 期。

29. Hodge, F. D., Kennedy, J. J., Maines, L. A., Does Search – Facilitating Technology Improve the Transparency of Financial Reporting. *The Accounting Review*, 2004, 79 (3): 687 – 703.

30. Jones and Willis, The Challenge of XBRL, 2003, Vol. 11, No. 3: 29 – 37.

31. Pinsker, XBRL Awareness in Auditing: A Sleeping Giant? *Managerial Auditing Journal*, 2003. 18/9: 732 – 736.

32. Bovee et al., Fiancial Reporting and Auditing Agent with Net Knowledge (FRAANK) and eXtensible Business Reporting Language (XBRL). *Journal of Information Systems*, 2005, Spring, pp. 19 – 41.

33. Jonathan G. Katz, File No. S7 – 35 – 04, Proposed Rule: XBRL Voluntary Financial Reporting Program on the EDGAR System, 2004.

34. 高锦萍、张天西:《XBRL 财务报告分类标准评价——基于 XBRL 报告分类与公司偏好的报告实务间匹配性研究》,《会计研究》2006 年第 11 期。

35. Bovee, Ettredge and Srivastava, Does the Year 2000 XBRL Taxonomy

Accommodate Current Business Financial Reporting Practice? *Journal of Information Systems*, 2002, 16 (2): 165 – 182.

36. Fama E., Efficient Capital Markets: A Review of Theory and Empirical Work [J] . *Journal of Finance*, 1970 (25): 383 – 417.

37. Arrow Kenneth J., *Social Choice and Individual Values*. New York: Wiley, 1962: 2nd edition.

38. Ball, R., Brown, P., An Empirical Evaluation of Accounting Income Numbers. *Journal of Accounting Research* 1968 (6): 416 – 432.

39. 林钟高等:《关于会计信息质量问题的调查研究——从会计学和产权角度分析》,《会计研究》1999 年第 4 期。

40. 杜兴强:《会计信息的产权问题研究》,东北财经大学出版社 2002 年版。

41. Beaver Wooa, H. & Demski Joel S., The Nature of Financial Accounting Objectives: A Summary and Synthesis. *Supplement to Journal of Accounting Research*, 1974: 170 – 187.

42. Demskijoel S., The General Impossibility of Normative Accounting Standards. *Accounting Review*, 1973, October, 48 (4): 718 – 723.

43. 王咏梅:《会计信息披露的规范问题研究》,《会计研究》2001 年第 4 期。

44. 刘峰:《制度安排与会计信息质量》,《会计研究》2001 年第 7 期。

45. 谢德仁:《企业剩余所有权:分享安排与剩余计量》,上海三联书店、上海人民出版社 2001 年版。

46. 葛家澍、黄世忠:《安然事件的反思——对安然公司会计审计问题的剖析》,《会计研究》2002 年第 2 期。

47. La Porta, R., Lopez – de – Silanes, F., Shleifer, A., Corporate Ownership Around the World [J] . *Journal of Finance*, 1999, 54 (2): 471 – 517.

48. Holderness, C., A Survey of Blockholders and Corporate Control [J] . *Economic Policy Review*, 2003, 9 (1): 51 – 63.

49. Shleifer, A., Vishny, R. W., A Survey of Corporate Governance [J] . *Journal of Finance*, 1997, 52 (2): 737 – 783.

50. Johnson, S., La Porta, R., Lopez – de – Silanes, F., Shleifer, A., Tunneling ［J］. *American Economic Review*, 2000, 90（2）: 22 – 27.

51. Bae, K., Kung, J., Kim, J., Tunneling or Value Added? Evidence from Mergers by Korean Business Groups ［J］. *Journal of Finance*, 2002, 57（6）: 2695 – 2740.

52. 刘峰、贺建刚、魏明海：《控制权、业绩与利益输送——基于五粮液的案例研究》，《管理世界》2004 年第 8 期。

53. 张光荣、曾勇：《大股东的支撑行为与隧道行为——基于托普软件的案例研究》，《管理世界》2006 年第 8 期。

54. 唐跃军、李维安、谢仍明：《大股东制衡机制对审计约束有效性的影响》，《会计研究》2006 年第 7 期。

55. Dechow, P. M., Sloan, R. G., Sweeney, A. P., Causes and Consequence of Earnings Manipulation: An Analysis of Firms Subject to Enforcement Actions by the SEC ［J］. *Contemporary Accounting Research*, 1996, 13（1）: 1 – 36.

56. Beneish, M. D., Incentives and Penalties Related to Earnings Overstatements That Violate GAAP. *The Accounting Review*, 1999, 74（4）: 425 – 457.

57. Beneish, M. D., Vatgus, M. E., Insider Trading, Earnings Quality and Accnual Mispricing. *The Accounting Review*, 2002, 77（4）: 755 – 791.

58. Betgstresser, D. B., Philippon, T., CEO Incentives and Earnings Management. *Journal of Financial Economics*, 2006, 80（3）: 511 – 529.

59. Cheng, Qiang, Weld, T. D., Equity Incentives and Earnings Management. *The Accounting Review*, 2005, 80（2）: 441 – 476.

60. 张宗新、潘志坚、季雷：《内幕信息操纵的股价冲击效应：理论与中国股市证据》，《金融研究》2005 年第 4 期。

61. 林舒、魏明海：《中国 A 股发行公司首次公开募股过程中的盈利管理》，《中国会计与财务研究》2000 年第 2 期。

62. 陈小悦、肖星、过晓艳：《配股权与上市公司利润操纵》，《经济研究》2000 年第 1 期。

63. 陆建桥：《中国亏损上市公司盈余管理研究》，《会计研究》1999

年第 9 期。

64. 李远鹏、李若山:《是会计盈余稳健性,还是利润操纵?——来自中国上市公司的经验证据》,《中国会计与财务研究》2005 年第 3 期。

65. Ball, R. J. and P. Brown, An Empirical Evaluation of Accounting Income Numbers. *Journal of Accounting Research*, 1968 (Ⅵ): 159 – 178.

66. 赵宇龙:《会计盈余披露的信息含量——来自上海股市的经验证据》,《经济研究》1998 年第 7 期。

67. 孙爱军、陈小悦:《关于会计盈余的信息含量的研究——兼论中国股市的利润驱动特性》,《北京大学学报》(哲学社会科学版) 2002 年第 1 期。

68. 程书强:《机构投资者持股与上市公司会计盈余信息关系实证研究》,《管理世界》2006 年第 9 期。

69. Beaver, W., Griffin P., Landsman, W., The Incremental Information Content of Replacement Cost Earnings [J]. *Journal of Accounting and Economics*, 1982 (7): 15 – 39.

70. Hoskin, R. E., J. S. Hughes, and W. E. Ricks, Evidence on the Incremental Information Content of Additional Firm Disclosures Made Concurrently with Earnings. *Journal of Accounting Research*, 1986, (24): 1 – 32.

71. Wilson, G. P., The Relative Information Content of Accruals and Cash Flow: Combined Evidence at the Earning Announcement and Annual and Report Release Date [J]. *Journal of Accounting Research*, 1986 (9): 165 – 200.

72. 刘旵:《会计盈余和经营活动现金流量的信息含量的实证研究》,《预测》2001 年第 6 期。

73. Berle A., C. G. Means, *The Modern Corporation and Private Property* [M]. New York: Macmillan, 1932: 183 – 186.

74. M. C. Jensen, W. H. Meckling, Theory of the Firm: Managerial Behavior, Agency Costs and Ownership Structure [J]. *Journal of Financial Economics*, 1976 (3): 305 – 360.

75. Leland H. E., D. H. Pyle, Information Asymmetries, Financial Structure and Financial Intermediator [J]. *Journal of Finance*, 1977 (32):

371 - 387.

76. Niehaus G. R. , Ownership Structure and Inventory Method Choice [J] . *Accounting Review* , 1989 , (64) : 269 - 286.

77. Hudson C. D. , J. S. Jr. Jahera, W. P. Lloyd, Further Evidence on the Relationship between Ownership and Performance [J] . *Financial Review* , 1992 , (27) : 227 - 239.

78. Stulz R. M. , Managerial Control of Voting Rights: Financing Policies and Marker for Corporate Control [J] . *Journal of Financial Economics* , 1988 , (20) : 25 - 54.

79. Morck R. , A. Shleifer, Vishny, Management Ownership and Market Valuation: An Empirical Analysis [J] . *Journal of Financial Economics* , 1988 , (20) : 293 - 315.

80. 徐大伟、蔡锐、徐鸣雷:《管理层持股比例与公司绩效关系的实证研究——基于中国上市公司的 MBO》,《管理科学》2005 年第 8 期。

81. McConnell, J. J. , Henn Servaes, Additional Evidenceon Equity Ownership & Corporate Value [J] . *Journal of Financial Economics* , 1990 , (27) : 595 - 612.

82. Myers, S. C. , The Capital Structure Puzzle. *Journal of Finance* , 1984 (39) : 575 - 592.

83. Myers, S. C. , and N. Majluf, Corporate Financing and Investment Decisions When Finns Heve Information That Investors Do Not Have. *Journal of Financial Economics* , 1984 (13) : 187 - 221.

84. 陆正飞、叶康涛:《中国上市公司股权融资偏好解析——偏好股权融资就是缘于融资成本低吗?》,《经济研究》2004 年第 4 期。

85. 黄少安、张岗:《中国上市公司股权融资偏好分析》,《经济研究》2001 年第 11 期。

86. 刘林:《股权融资偏好模型分析与治理改进设计》,《金融研究》2006 年第 10 期。

87. 阎达五、耿建新、刘文鹏:《我国上市公司配股融资行为的实证研究》,《会计研究》2001 年第 9 期。

88. Miller, Merton H. and Kevin Rock, Dividend Policy under Asymmet-

ric Information. *Journal of Finance*, 1985（7）.

89. John, K. and Larry H. P. Lang, Insider Trading around Dividend Announcements: Theory and Evidence. *Journal of Finance*, 1991（8）.

90. Dyl, E. and Weigand, R., The Information Content of Dividend Initiations: Additional Evidence. *Financial Management*, 1998（10）.

91. Wayne Guay and Jarrad Harford, The Cash Flow Permanence and Information Content of Dividend Increase Versus Repurchases. *Journal of Financial Economics*, 2000（9）.

92. 何涛、陈晓:《现金股利能否提高企业市场价值的实证分析》,《金融研究》2002 年第 8 期。

93. 俞乔、程滢:《我国公司红利政策与股市波动》,《经济研究》2001 年第 4 期。

94. 孔小文、于笑坤:《上市公司股利政策信号传递效应的实证分析》,《管理世界》2003 年第 6 期。

95. Admati, A. and P. Pfleiderer, A Theory of Intraday Patterns: Volume and Price Variability. *Review of Financial Studies*, 1988（1）: 3 - 40.

96. Chakraborty, A. and B. Yilmaz, Informed Manipulation. *Journal of Economic Theory*, 2004（114）: 132 - 152.

97. De Long, J. B., A. Shleifer, L. H. Summers and R. J. Waldmann, The Survival of Noise Traders in Financial Markets. *Journal of Business*, 1991（64）: 1 - 19.

98. Easley, D., N. M. Kiefer, M. O. Hara and J. B. Paperman, 1996, Liquidity, Information, and Infrequently Traded Stocks. *Journal of Finance*（51）: 1405 - 1436.

99. Stoll, H. R., Inferring the Components of the Bid - Ask Spread: Theory and Empirical Tests. *Journal of Finance*, 1989（44）: 115 - 134.

100. Handa, P., R. Schwartz and A. Tiwari, Quote Setting and Price Formation in An Order Driven Market. *Journal of Financial Markets*, 2003（6）: 461 - 489.

101. Kyle, A. S., Continuous Auctions and Insider Trading. *Econometrica*, 1985（53）: 1315 - 1336.

102. Glosten, L. R. and P. R. Milgrom, Bid, Ask and Transaction Prices in A Specialist Market with Heterogeneously Informed Traders. *Journal of Financial Economics* 1985 (14): 71 - 100.

103. Holden, C. W. and A. Subrahmanyam, Long - Lived Private Information and Imperfect Competition. *Journal of Finance*, 1992 (47).

104. Admati, A. and P. Pfleiderer, A Theory of Intraday Patterns: Volume and Price Variability. *Review of Financial Studies*, 1988 (1): 3 - 40.

105. Easley, D., S. Hvidkjaer and M. O. Hara, Is Information Risk A Determinant of Asset Returns. *Journal of Finance*, 2002 (57).

106. Wang, F. A., Trading on Noise as if It Were Information: Price, Liquidity, Volume and Profit. Rice University Working Paper, 2005.

107. Alford, A., J. Jones, R. Leftwich, and M. Amijewsk, The Relative Informativeness of Accounting Disclosures in Different Countries. *Journal of Accounting Research*, 1993, (Supplement): 183 - 223.

108. Botosan C., Disclosure Level and the Cost of Equity Capital. *The Accounting Review*, 1997 (72): 323 - 349.

109. 汪炜：《公司信息披露：理论与实证研究》，浙江大学出版社 2005 年版。

110. 崔学刚：《公司治理机制对公司透明度的影响——来自中国上市公司的经验数据》，《会计研究》2004 年第 8 期。

111. Levine, R., N. Loayza, and T. Beck, Financial Intermediation and Growth: Causality and Causes. *Journal of Monetary Economics*, 2000 (46): 31 - 77.

112. Hope, Ole - Kristian, Accounting Policy Disclosure and Analysis Forecasts. *Contemporary Accounting Research*, 2003a, 20: 295 - 321.

113. 梁杰、王漩、李进中：《现代公司治理结构与会计信息失真关系的实证研究》，《南开管理评论》2004 年第 6 期。

114. Zhang, Tianyu, Corporate Layers and Corporate Transparency in a Transition Economy: Evidence from China. A Thesis Submitted to the HKUSTf, 2004.

115. Francis, J., R. La Fond, P. M. Olsson, and K. Schipper, Costs of

Equity and Earnings Attributes [J]. *The Accounting Review*, 2004 (79): 967 – 1010.

116. Bhattacharya, U., H. Daouk, and M. Welker, The World Price of Earnings Opacity [J]. *The Accounting Review*, 2003 (6) 641 – 678.

117. Botosan, C., and M. Plumlee, A Re – Examination of Disclosure Level and the Expected Cost of Equity Capital [J]. *Journal of Accounting Research*, 2002 (40): 21 – 40.

118. 张程睿、王华:《公司信息透明度:经验研究与未来展望》,《会计研究》2006 年第 12 期。

119. 方军雄、洪剑峭:《信息披露透明度与会计盈余的价值相关性》,《中国第四届实证会计国际研讨会论文集》2005 年。

120. 南开大学公司治理评价课题组:《中国公司治理评价与指数报告——基于 2007 年 1162 家上市公司》,《管理世界》2008 年第 1 期。

121. Bushman, R. M., and A. J. Smith, Transparency, Financial Accounting Information, and Corporate Governance [J]. *Economic Policy Review*, Apr. 2003 (9): 65 – 87.

122. Bushman, R. M., J. Piotroski, and A. Smith, What Determines Corporate Transparency? [J]. *Journal of Accounting Research*, May 2004 (42): 207 – 252.

123. Bao, B. H., and L. Chow, The Usefulness of Earning and Book Value in Emerging Markets: Evidence from Listed Companies in The People's Republic of China. *Journal of International Financial Management and Accounting*, 1999 (10): 85 – 104.

124. 杨之曙、彭倩:《中国上市公司收益透明度实证研究》,《会计研究》2004 年第 11 期。

125. 潘琰、陈凌云、林丽花:《会计准则的信息含量:中国会计准则与 IFRS 之比较》,《会计研究》2003 年第 7 期。

126. 刘峰、吴风、钟瑞庆:《会计准则能提高会计信息质量吗——来自中国股市的初步证据》,《会计研究》2004 年第 5 期。

127. 肖星、宋衍蘅:《会计准则与会计信息质量——基于"新四项计提"的经验证据》,工作底稿,2004 年。

128. 王建新:《基于新会计准则的会计信息价值相关性分析》,《上海立信会计学院学报》2010 年第 3 期。

129. 李弢:《核准制与 IPO 公司利润操纵问题研究》, 硕士学位论文, 福州大学, 2003 年。

130. 谢碧琴、蒋义宏:《法律体系、上市规则与关联交易——以 H 股公司和 A 股公司为例》[EB/01], 工作底稿, 2005 年。

131. 刘向东、张海文:《关于上市公司"特别处理"作用的研究》,《会计研究》2001 年第 8 期。

132. Francis, J. , E. Maydew, and H. Sparks, The Role of Big 6 Auditor in the Credible Reporting of Accruals. *Auditing: A Journal of Practice & Theory*, 1999 (Fall): 17 – 34.

133. Becker, C. , M. De Fond, J. Jiambalvo, and K. Subramanyam, The Effect of Audit on Earnings Management. *Contemporary Accounting Research*, 1998 (15): 1 – 24.

134. Teoh, S. H. , and T. J. Wong, Perceived Auditor Quality and the Earning Response Coefficient. *The Accounting Review*, 1993, 68: 346 – 367.

135. 王艳艳、陈汉文:《审计质量与会计透明度——来自中国上市公司的检验数据》,《会计研究》2006 年第 4 期。

136. Holthausen, R. W. , and Watts, R. L. , The Relevance of Value – relevance Literature for Financial Accounting Standard Setting. *Journal of Accounting and Economics*, 2001, 31: 3 – 75.

137. 孙铮、刘凤委、汪辉:《债务、公司治理与会计稳健性》,《中国会计与财务研究》2005 年第 2 期。

138. 汪辉:《上市公司债务融资、公司治理与市场价值》,《经济研究》2003 年第 8 期。

139. Meek, Gary K. , Clare B. Roberts, and Sidney J. Gray, Factors Influencing Voluntary Annual Report Disclosures by U. S. , U. K. and Continental European Multinational Corporations. *Journal of International Business Studies*, 1995 (26): 555 – 572.

140. Mitchell, J. D. , C. W. L Chia and A. S. Loh, Voluntary Disclosure of Segment Information: Further Australian Evidence [J] . *Accounting and*

Finance, 1995 (35): 1 – 16.

141. Beasley, Mark S. , Joseph V. Carcello, Dana R. Hermanson, and Paul D. Lapides, Fraudulent Financial Reporting: Consideration of Industry Traits and Corporate Governance Mechanisms. *Accounting Horizons*, December 2000 (14): 441 – 454.

142. Ho, S. S. M. , and K. S. Wong, A Study of Corporate Disclosure Practice and Effectiveness in Hong Kong. *Journal of International Financial Management and Accounting*, 2001 (1): 75 – 102.

143. Chtourou, S. M. , J. Bedard, and L. Courteau, Corporate Governance and Earnings Management ［EB/01］. 2001, Working Paper.

144. 李常青、管连云:《股权结构与盈余管理关系的实证研究》,《商业研究》2004 年第 19 期。

145. 张逸杰、王艳、唐元虎、蔡来兴:《上市公司董事会特征和盈余管理关系的实证研究》,《管理评论》2006 年第 3 期。

146. Eng, L. L. , and Y. T. Mak, Corporate Governance and Voluntary Disclosure. *Journal of Accounting and Public Policy*, 2003 (22): 325 – 245.

147. 黄志良、刘志娟:《股权结构、公司治理、财务状况与上市公司信息披露质量》,《财会通讯》(学术版) 2007 年第 6 期。

148. 王跃堂、朱琳、陈世敏:《董事会独立性、股权制衡与财务信息质量》,《会计研究》2008 年第 1 期。

149. 梁杰、王璇、李进中:《现代公司治理结构与会计舞弊关系的实证研究》,《南开管理评论》2004 年第 6 期。

150. 罗富碧、冉茂盛、张宗益:《股权激励、信息操纵与内部监控博弈分析》,《系统工程学报》2009 年第 6 期。

151. Lev, Baruch/Zarowin, Paul (1999), The Boundaries of Financial Reporting and How to Extend Them. *Journal of Accounting Research*, Vol. 37: 353 – 385.

152. Lymer, Andrew (ed.) (1999), Special Section: The Internet and Corporate Reporting in Europe. *European Accounting Review*, Vol. 9: 287 – 396.

153. 张天西、杨海峰:《网络财务报告改革:利益相关者的态度研究》,《当代经济科学》2004 年第 3 期。

154. 王海:《论我国证券市场投资者的信息需求及其演变》,《市场周刊·财经论坛》2003 年第 11 期。

155. 何玉:《网络财务报告研究:决定因素、经济后果与管制》,博士学位论文,上海交通大学,2006 年。

156. 蒋义宏:《会计信息失真的现状、成因及对策研究》,中国财政经济出版社 2002 年版。

157. 张愈强:《对会计信息产权问题的思考》,《财会月刊》2005 年第 4 期。

158. Spence, A. Michael, Informational Aspects of Market Structure: An Introduction. *Quarterly Journal of Economics*, 1976, 90 (4): 591 – 597.

159. Spence, A. Michael, Competition in Salaries, Credentials, and Signaling Prerequisites for Jobs. *Quarterly Journal of Economics*, 1976, 90 (1): 51 – 74.

160. William H. Beaver, *Financial Reporting: An Accounting Revolution*. Prentic EMHall Contemporary Topics in Accounting Series, Prentic EM-Hall Inc., 1998.

161. 张建伟:《噪声交易、金融泡沫与金融市场多重均衡理论》,《当代经济科学》1999 年第 4 期。

162. 朱晓婷、杨世忠:《会计信息披露及时性的信息含量分析——基于 2002—2004 年中国上市公司年报数据的实证研究》,《会计研究》2006 年第 1 期。

163. Eccles, Robert G. /Herz, E., Robert H. /Keegan, Mary/Pbillips, David M. H. (2001). *The Value Reporting Revolution*, p. 309.

164. Wallman, Steven M. H. (1996), The Future of Accounting and Financial Reporting, Part 11, The Colorized Approach. *Accounting Horizons*, Vol. 10: 138 – 148.

165. 薛云奎:《网络时代的财务与会计:管理集成与会计频道》,《会计研究》1999 年第 11 期。

166. 肖泽忠:《大规模按需报告的公司财务报告模式》,《会计研究》2004 年第 1 期。

167. 张天西等：《信息技术环境下的财务报告及信息披露研究》，《会计研究》2003 年第 3 期。

168. 徐国君：《试论互动式会计信息披露模式》，《中国海洋大学学报》（社会科学版）2000 年第 4 期。

169. 李瑞生：《论网络环境下的会计报告模式》，《会计研究》2004 年第 1 期。

170. Samuelson, P., Proof That Properly Anticipated Prices Fluctuate Randamly [J]. *Industral Managament Review*, 1965: 41 - 49.

171. Mandelbrot, B., Forecasts of Future Prices, Unbiased Markets, and Martingle Models [J]. *Journal of Business*, 1966 (Special Supplanent January) 39: 242 - 255.

172. M. C. Penno, Information Quality and Voluntary Discclosure. *The Accounting Review*, 1997 (72): 275 - 284.

173. J. C. Dyer, A. J. McHugh, The Timeliness of the Australian Annual Report. *Journal of Acounting Researh*, 1975 (13): 204 - 219.

174. Price Water House Coopers, The Opacity Index, Anuary 2001, Downloaded from http: /www. Pwcglobal. com.

175. Joel Kurtzman, Glenn Yago, Tri Phon Phumiwasana: The Opacity Index. *Research Overview*, October 2004.

176. 清议：《2004 年国内上市公司信任度指数》，《经济观察报》2004 年 7 月 21 日。

177. 清议：《2005 年国内上市公司信任度指数》，《北京统计》2005 年第 5 期。

178. Robert K. Elliott and Peter D. Jacobson, Costs and Benefits of Business Information Disclosure [J]. *Accounting Horizons*, 1994, (4): 80 - 96.

179. High Level Group of Gompany Law Experts (2002), Report on Modern Regulatory Framework for Company Law in Europe, Brussels, November: 37 - 41.

180. Wallman, Steven M. H. (1996), The Future of Accounting and Financial Reporting, Part 11, The Colorized Approach. *Accounting Horizons*, Vol. 10: 138 - 148.

181. Garten Task Force (2001), Strengthening Financial Markets: Do Investors Have the Information They Need? Report of an SEC – Inspired Task Force, May.

182. Milgrom, Paul R. (1981) Good News and Bad News. Representation Theorems and Applications. *Bell Journal of Economics*, Vol. 12: 380 – 391.

183. 王辉：《路径依赖与信号传递：上市公司信息造假的制度经济学视角》，《经济问题》2005 年第 12 期。

184. 陆建桥：《中国亏损上市公司盈余管理实证研究》，《会计研究》1999 年第 9 期。

185. 黄世忠、王建峰、叶丰滢：《衍生金融工具与收益平滑游戏——美国联邦住房抵押贷款公司财务操纵案例剖析》，《财务与会计》2004 年第 10 期。

186. L. A. Zadeh, Fuzzy Sets ［J］. *Information and Contral*, 1965 (8).

187. T. L. Saaty, *The Analytic Hierarchy Process* ［M］. New York: McGraw – Hill, 1980.

188. 许树柏：《层次分析法原理》，上海辞书出版社 1980 年版。

189. 马维野：《一种检验判断矩阵次序一致性的实用方法》，《系统工程理论与实践》1996 年第 11 期。

190. 杜栋、庞庆华、吴炎：《现代综合评价方法与案例精选》，清华大学出版社 2008 年版。

191. 吴明隆：《Spss 统计应用实务问卷分析与应用统计》，科学出版社 2003 年版。

192. 潘越：《中国公司双重上市行为研究》，北京大学出版社 2007 年版。

193. Cantale, S., The Choice of a Foreign Market as a Signal ［Z］. Tulane University Working Paper, 1996.

194. Karolyi, G. A., The World of Cross – listing and Cross – listing of the World: Challenging Conventional Wisdom. *Review of Finance*, 2006 (10): 99 – 152.

195. Jensen, M., and W. Meckling, Theory of the Firm: Managerial Behavior, Agency Costs and Ownership Structure. *Journal of Financial Econom-*

ics, 1976 (10): 305 – 360.

196. DeAngelo, L. E. , Auditor Size and Auditor Quality. *Journal of Accounting and Economics*, 1981 (3): 183 – 199.

197. Teoh, S. H. , and T. J. Wong, Perceived Auditor Quality and the Earning Response Coefficient. *The Accounting Review*, 1993, 68: 346 – 367.

198. 漆江娜、陈慧霖、张阳:《事务所规模、品牌、价格与审计质量——国际 "四大" 中国审计市场收费与质量研究》,《审计研究》2004年第 3 期。

199. 刘峰、许菲:《风险导向型审计·法律风险·审计质量——兼论 "四大" 在我国审计市场的行为》,《会计研究》2002 年第 2 期。

200. 原红旗、李海建:《会计师事务所组织形式、规模与审计质量》,《审计研究》2003 年第 1 期。

201. 刘峰、周福源:《国际四大意味着高审计质量吗——基于会计稳健性角度的检验》,《会计研究》2007 年第 3 期。

202. Cushing, Barry E. , An Empirical Study of Changes in Accounting Policy. *Journal of Accounting Research*, 1969 (Autumn): 196 – 203.

203. Beidleman, C. R. , Income Smoothing: The Role of Management. *The Accounting Review*, 1973 (October): 653 – 667.

204. Lev, B. and S. Kunitzky, On the Association between Smoothing Measures and the Risk of Common Stocks. *The Accounting Review*, 1974 (April):259 – 270.

205. Moses, O. D. , Income Smoothing and Incentives: Empirical Tests Using Accounting Changes. *The Accounting Review*, 1987 (April): 358 – 377.

206. Wang, Zhemin and Williams, Thomas H. , Accounting Income Smoothing and Stockholder Wealth. *Journal of Applied Business Research*, 1994, 10 (3): 96 – 104.

207. Raul Iniguez and Francisco Poveda, Long – run Abnormal Returns and Income Smoothing in the Spanish Stock Market. *European Accounting Review*, 2004 (May): 105 – 130.

208. [美] 玛格丽特·M. 布莱尔:《所有权与控制》, 中国社会科学出版社 1999 年版。

209. 王芳:《上市公司治理准则——董事会专门委员会》,《审计月刊》2007 年第 11 期。

210. Ho, S. S. M., and K. S. Wong, A Study of Corporate Disclosure Practice and Effectiveness in Hong Kong. *Journal of International Financial Management and Accounting*, 2001a, 12 (1): 75 – 102.

211. La Porta, R., F. Lopez – de – Silanes, A. Shleifer, and R. Vishny. Corporate Ownership Around the World. *The Journal of Finance*, 1999, 54: 471 – 517.

212. Shirley, M. M., and P. Walsh, Public vs. Private Ownership: The Current State of the Debate. Working Paper, The World Bank, 2000.

213. 张栋:《制度安排、报酬契约与上市公司会计信息披露质量》,《新疆财经》2004 年第 4 期。

214. 罗富碧、冉茂盛、张宗益:《股权激励、信息操纵与内部监控博弈分析》,《系统工程学报》2009 年第 6 期。

215. 于东智:《董事会、公司治理与绩效——对中国上市公司的经验分析》,《中国社会科学》2003 年第 3 期。

216. 于东智、王化成:《独立董事与公司治理:理论、经验与实践》,《会计研究》2003 年第 8 期。

后　记

在博士论文最终完稿之时，我却没有一点如释重负和志得意满的感觉。回顾走过的攻博历程，不禁百感交集，一则感激导师张金隆教授为引导我走上管理学研究之路付出的辛劳；二则感叹时光催人老，我已不再年轻，学业、事业却还漫长。

由于论文涉及的是一个全新的领域，其后写作的艰辛，超出我的想象，加之自己在职参加学习，事务工作的繁忙，注定了我的论文写作要比别人付出更艰辛的劳作与努力。在论文的写作过程中，包括论文的选题、调研、开题、写作和修改等各个环节，都得到了我的导师张金隆教授的悉心指导。导师在现代管理理论、信息技术等方面具有深厚的理论基础和丰富的实践经验，具有敏捷的捕捉科研新方向的能力，以及他治学严谨的作风和宽厚待人的品格，都深深地影响着我，并在多方面给予了我支持和关怀，使我能保质保量地完成这篇博士论文。对此，我从内心发出最诚挚的谢意。

几年的学习，我也得到了华中科技大学管理学院许多老师和同学的关心与帮助，各位老师在学术上为我做了榜样，他们的工作精神和科研方法在工作、学习中给了我诸多启示，拓展了我的研究思路，提高了我对研究问题的理解。我会在今后的工作、学习、生活中，牢记各位老师的治学精神和为人之道，时刻鞭策自己不断进步。

感谢我的家人，她们给了我最无私的爱和关心，让我在繁忙的工作之余能够安心地学习。在我完成博士学业的求学路上，他们一直是我奋发进取的动力，始终无怨无悔，积极地支持我达成自己的目标。如果没有他们在学习和生活上的关心与帮助，很难以想象能顺利完成学业。

本书是在我的博士论文基础上修改而成的。由于时间仓促，水平有限，书中还存在诸多不足和欠缺，如某些理论观点还不成熟，个别地方的分析或阐述还不到位，一些文字表述还不够准确等。

　　我的学位论文虽然完成了，但是理论研究却没有因此而结束，今后我仍将密切注视这一领域的最新动态，继续求教于我的导师、学术界前辈和同仁，为推进这一领域研究尽绵薄之力。

邓红平

2011 年 4 月